顧客満足と自社利益を両立する
マーケティングの実務書

プロフィットゴール・マーケティング

PROFIT GOAL MARKETING

はじめに

本書の目的は、顧客満足と企業利益の双方を満たし、市場創造を果たし得るマーケティング戦略について、その方法論を実践的に提示することにあります。

「日本からイノベーションは生まれるのか」この問いが本書執筆のきっかけです。２０１９年5月1日、元号が平成から令和に移り、新たな時代となりました。平成を振り返ると日本のＧＤＰは、平成元年では米国に次ぐ世界第二位でしたが、現在は、中国に第二の座を譲り、世界第3位に後退しました。米国はＧＡＦＡ（グーグル、アマゾン、フェイスブック、アップル）、中国はＢＡＴＨ（バイドゥ、アリババ、テンセント、ファーウェイ）などインターネットを活用した企業群が急成長を見せ、新たな市場を創造しています。一方、日本は、かつての高度経済成長を牽引《けんいん》した多くの企業が、少子高齢化や地方の過疎化といった構造的社会問題を背景に、伸び悩んでいます。

供給が需要を上回る現在の日本社会においては、顧客志向を追求するあまり、企業の利益体質が脆《ぜい》弱《じゃく》化し、また利益創出を図ろうとすれば、顧客不満足を招くというジレンマに陥っている企業が多く存在しています。

その中で、経営戦略やビジネスモデルの領域などで新しい理論や概念が百花繚乱《りょうらん》のごとく多く出され、多くのビジネスパーソンがこれらを活用し市場創造を果たそうとしています。しかし、なかなか実効性がなく悩んでいるのが現実でしょう。そこで我々は、あらためて市場創造の考え方であるマーケティングに焦点を当て、再考しながら実効性のある方法論を検討しました。

本書は、産業能率大学の社会人教育部門において企業の研修、コンサルティングに従事しているメンバーが各々の専門知識を融合させ従来とは異なるマーケティング戦略の方法論を構築しました。今回は、主に消費財（製品・サービス）に主眼を置き、顧客満足と企業利益の双方をトレードオンさせる方策を提示します。「価値ある商品」をＶＧＩ（Value Goods Indicator）という指標で定義づけし、ＶＧＩを高める方法論を7パターン（Ｖｕｐ7と呼ぶ）提示しました。さらに、ＶＧＩを構築するマーケティング戦略について、利益目標を先に定め、企業利益と顧客満足を両立させる方法について実践的手法を交えて提示します。この体系化された方法論をプロフィットゴール・マーケティングと呼びます。このマーケティングはイノベーションを起こし、消費財を製造または販売する企業にとって、事業の成功確率を高めてくれるはずです。

平成時代も多くの企業が試行錯誤を繰り返し、あまたの新商品を生み出してきました。家電量販店に行くと新製品が豊富に品揃えされ、「あったらいいな」と思っていたものが実際に販売されていることに驚きを感じます。しかし、いかに優れた新商品であっても数か月経つと値下げされており、供給が需要を上回っている顧客志向の時代であることを目の当たりにします。このように、消費者は「良いものをより安く」を求め続けており、価格競争の進行は留まることはありません。これでは、企業の利益体質は弱体化し、成長を阻害してしまいます。

そのような中、我々は企業研修やコンサルティングの現場で、社員の方々が重い閉塞感を感じていると多々印象を受けます。少子高齢化により労働力の確保が難しくなり、また情報化社会の急激な進展により、高い成果と更なる仕事のスピードが求められるようになりました。いつの間にか仕事をこなすだけになってしまっているのではないかと不安さえ感じます。

本来、組織における仕事とは、ある共通目的に向かって、貢献意欲を持ちながら、仲間と協働し成果を出すことで、やり甲斐・達成感を味わう場であるはずです。とりわけマーケティングは、市場を開拓し、創造する仕事であり、未来を創る仕事ですからそのやり甲斐・達成感はより高いはずです。成功確率を高めるために成功・失敗という経験を積むということがまさにマーケティングの醍醐味《だいごみ》です。ぜひ、本書を参考にし、多くの仲間、関係者と議論を交わし、時には意見の相違を乗り越えながら、顧客と自社との Win-Win を達成していただきたいと思います。

最後に本書の刊行に際して企業の実務者の皆様から多くの示唆を受けることができました。あらためて感謝の意をお伝えし、厚く御礼を申し上げます。

2020年3月

執筆者を代表して　学校法人　産業能率大学総合研究所経営管理研究所

齋藤　隆行

目次

第2章　プロフィットゴール・マーケティング　33

第5章 フィジビリティスタディの実践（STEP4） 111

第8章　損益シミュレーション（STEP7）

序章

プロフィットゴール・マーケティング戦略の方向性

1 マーケティング概念の変遷

マーケティングという概念が生まれて100年以上が経過しますが、そのコンセプトも需要が供給を上回る時代の生産志向、需要と供給が拮抗《きっこう》する時代の販売志向、需要が供給を上回る時代の顧客志向、そして21世紀は社会に積極的に貢献しようとする社会志向へとマーケティングコンセプトは時代とともに変遷してきます。社会志向に至っては社会、国家をも対象とし、領域を大きく広げてきています。マーケティングコンセプトが時代とともに移ろい拡大することは止めようもないことですが、焦点がいささかぼやけてきている印象を受けます。さらにその方法論も、ネットの普及、デジタルテクノロジーの進化、それに伴う新しいビジネスモデルの登場によりどこまでがマーケティングの領域なのか曖昧模糊《あいまいもこ》とした状況になってきています。

ここではビジネスの基本に立ち戻り、マーケティングの目的を市場創造とし、そのエンジンをイノベーションと捉えていきます。その上で、マーケティングの方法論であるマーケティング戦略を、その基本構造を活かしながら時代に合わせて進化させる必要があります。特にマーケティング戦略の主たる手法である環境分析、ＳＴＰ（セグメンテーション、ターゲティング、ポジショニング）、マーケティングミックス（商品政策、価格政策、チャネル政策、プロモーション政策）は、時代に遅れになっている印象を否めません。

本書では、イノベーションの視点でそれらの手法を革新することを志向していきます。

2 イノベーションの対象領域の拡張

マーケティングと同様にイノベーションの対象領域も大きく広がってきています。そもそも「イノベーション」という概念は、経済学者のヨゼフ・シュンペーターがその著書『経済発展の理論』（1912年）で使った「新結合（neue Kombination）」がもととなっています。

当初イノベーションは、アントレプレナー（起業家）が新たな事業（当時は、鉄道、鉄鋼、電気、自動車などが代表例）を起こすことで、経済が発展するという経済成長理論の中核概念でした。それが時代とともに柔軟に使われるようになり、現在では、新しい価値を創出し、人類社会の進歩に貢献するという壮大な概念に発展してきています。

当時シュンペーターが定義したイノベーションの領域は、現在の言葉で表現すると、以下のようになります。

①新しい商品
②新しい生産方法
③新しい売り方
④新しい原材料、素材
⑤新しい組織

これらは、100年以上前の定義であるため、現在ではこれらに以下の5つの領域を追加するとより網羅性が高まるでしょう。

⑥新しいビジネスモデル（グーグル、ウーバーなど）
⑦新しい資金調達（マイクロファイナンス、クラウドファンディングなど）
⑧新しい通貨（仮想通貨、物々交換など）
⑨新しい人間代替物（ＡＩ、ロボットなど）
⑩新しい経済システム、国家システム（ポスト資本主義、ポスト民主主義？）

特に、新しい人間代替物のインパクトは大きく、経済システム、国家システムを根幹から覆す可能性を秘めています。たとえば、身近な企業経営において、ＩｏＴでリアルタイムに、正確で整理された大量のデータを収集し、そのデータをＡＩで分析し、的確な意思決定をし、それに基づいてロボットが仕事をする。このようなことが実現すれば、かつて人類が経験したことがない大きなパラダイムシフトが起こる可能性があります。また、資本の論理は、人間の労働よりも生産性が高い代替物を、ほぼ確実に採用してきた歴史があり（最近では銀行業務のＲＰＡ化など）[※1]、意外と近い将来にパラダイムシフトが起きるかもしれません。

また、世にいう第４次産業革命は、レッドオーシャンということを肝に銘じておく必要があります。同質競争においては、規模の経済がものをいうのは、どの時代も変わりませんが、現代では、いかに早くプラットフォームを確立できるかが規模の経済を獲得するための鍵となってきています。

このようにイノベーションは対象領域を拡大してきていますが、新結合は複数の要素（既存のものでもかまわない）を組み合わせて、従来にない価値を生むわけですから、その本質は、「組み合わせの妙」であることに変わりはありません。

3 イノベーションの焦点の変遷

ここでは、産業におけるイノベーションの焦点が、どのように変遷してきたかを俯瞰《ふかん》してみましょう。第2次世界大戦後から1960年代までは、家電製品に代表されるように、新製品がイノベーションの焦点でした。この時期の主役は、欧米、特に米国企業であり、セグメンテーション、ターゲティング、ポジショニング、マーケティングミックスといったマーケティングの基本的方法論が確立し、それらが極めて有効な時代でした。1970年代から1980年代は、欧米企業が開発した製品を、大量に安く、高品質で安定的に生産するプロセスがイノベーションの焦点になり、この時期の主役は、トヨタの「かんばん方式」に代表される日本の製造業でした。「ジャパンアズNo.1、日本的経営は素晴らしい！」と海外から褒め殺しにあったのもこのころです。日本が長く不況で苦しんだ20年間は、米国企業がずっと主役を務めました。1990年代は、グーグル、ヤフーに代表されるように、インターネットを活用したビジネスモデルがイノベーションの焦点となり、2000年代にはいると、イノベーションの焦点は、アップルのiPodとiTunesやアマゾンに代表されるような製品とビジネスモデルの組み合わせが焦点となりました。そして、2010年代のイノベーションの焦点は、製品＋ビジネスモデル＋IoT＋AI＋ロボットであり、2020年代もこの傾向が続くと思われます。日本企業は、ビジネスモデルが焦点となった時代に、米国企業に大きく後れを取り、得意のものづくりの領域でも、中国、韓国の台頭により、苦戦を強いられています。今こそ日本独自のイノベーションの焦点を見いだすことが肝要であることは論を待ちません。

このようにイノベーションの対象領域は変遷し、拡大してきていますが、イノベーションの中心概念は不変的に新結合です。新結合は複数の要素（既存のものでもかまわない）を組み合わせて、従来にない価値を生むわけですから、その本質は、前述のとおり「組み合わせの妙」です。今後ますます激しくなる環境の変化、特にテクノロジーの進化を踏まえ、マーケティングにおいても従来のマーケティングミックス、つまり商品、価格、販売チャネル、プロモーションの枠組みを超えた新しい組み合わせが求められます。

次に日本のイノベーションを牽引するのは誰かという問題があります。今世紀に入って日本初の世界に誇れるようなイノベーションはほとんど見当たりません。一方、財務省の法人企業統計によると２０１８年度末の日本企業の内部留保は、過去最高の４６３兆円（前年度３・７％増）に積み上がっています。その内訳を見ると、製造業が同６・７％増の１６３兆６０１２億円と内部留保の拡大を牽引していることがわかります。日本企業は製造業を中心に潤沢な投資原資を保有しているにもかかわらず、経営層がイノベーションに挑戦するという意識がまだ低いように感じられます。今後、内部統制強化偏重のコーポレートガバナンスから、挑戦をも後押しする両利きのコーポレートガバナンスへ移行できるか否かがイノベーションの成否の鍵になるでしょう。

4 プロフィットゴール・マーケティングの目的

ここまでマーケティング、イノベーションのトレンドを概観してきましたが、本書が志向するのはプロフィットゴール・マーケティングです。イノベーティブなマーケティングといってもよいでしょう。日本企業が商品（製品、サービス）のコモディティ化による低い利益率と低成長に甘んじて久しいのですが、ここでいうプロフィットゴールとは高い売上高総利益率と高い売上高伸長率の両方を実現することにあります。

近年ＲＯＡ（ＲＯＡ（％）＝経常利益 ÷ 総資産 × １００）が重要な経営指標としてもてはやされていますが、これは、企業が保有する全部の資産（使用総資本）を元手に、どのくらい儲けているかを測る指標です。つまり企業活動の生産性を評価する最も重要な成績表と思えばよいでしょう。ただし、ＲＯＡはいかに賢く経営をしたかの指標であり、企業成長の指標とはいえません。中世のローマ教皇が利息を認めて以来、資本主義の原則は拡大均衡であり、企業は成長発展することを宿命づけられています。そしてこの成長発展の指標が売上高伸長率にほかなりません。プロフィットゴール・マーケティングは結果としてのＲＯＡにフォーカスするのではなく、ビジネスの基本である売上高総利益率と売上高伸長率の両方を高めるプロセスにフォーカスします。

5 売上総利益を増やす基本法則

基本法則その1　売上高を増やす

売上総利益（粗利）を増やすためには、売上高を増やすことが基本法則ですが、これには2つの方策があります。1つは販売数量を増やすことであり、もう1つは価格を上げて売上高を増やすことです。しかしこの2つの方策は、トレードオフ（矛盾）の関係になりやすいという特徴があります。

会計上、粗利と付加価値はほぼ同義です。価格を上げ粗利を増やし、なおかつ顧客の支持を得るためには、既存ニーズの充足度を最大化するか、潜在ニーズに対応しオンリーワンを目指さなくてはなりません。このようなイノベーションを通じて、販売数量の増加と高価格のトレードオン（矛盾結合）の関係を目指すのがプロフィットゴール・マーケティングといえます。

基本法則その2　損益分岐点を下げる

損益分岐点を下げ、利益を増やすためには、売上原価を中心とした変動費を低減し限界利益を増やすか、人件費を中心とした固定費を低減し営業利益を増やすか、その両方を実現するかが常套《じょうとう》手段です。しかし、資本主義の基本は投資による成長です。経営状況が厳しくなると企業経営者はコストダウン、投資抑制に向かいがちです。以前であれば、いずれ市況は回復する、じっと我慢していれば何とかなるといったことが通用しました。

しかし、VUCA（Volatility：変動、Uncertainty：不確実、Complexity：複雑、Ambiguity：曖昧）の時代は環境変化が激しく、業界の構造が短期間に一変することも珍しくありません。経営状況が厳しい時の無理なコストダウンは製品の劣化を招き、投資の抑制は会社を時代遅れにし、逆に墓穴を掘る可能性が高くなっています。

基本法則その3　投資は、「差別化」と「規模の経済」の両立を目指す

プロフィットゴール・マーケティングはイノベーションを実現し、高い売上高総利益率と売上高伸長率を目指しますが、起点となるのは差別化です。しかし差別化といっても概念が大きく、実務で展開するためにはブレイクダウンし、レベル分けする必要があります。ほとんどの商品がコモディティ化している現在、漸進的な機能向上は同質競争となり価格競争に陥りやすく得策ではありません。また、低成長経済下で購買力が増えない中、企業が売上高を伸ばすためには、ウォレットシェアつまり、顧客の他社への支出を自社へ振り替えてもらう必要があります。前者に対応するためには競合他社に対する異質競争による差別化、後者には、業界を超えた代替品による差別化が有効です。さらに資金を調達してでも購買したくなる世の中に今までなかった商品、ビジネスモデルによる差別化がありま す。これらを難易度の低い順に①異質競争による差別化、②代替品による差別化、③世界初の差別化に階層化し、どのレベルの差別化にフォーカスすべきかを検討するとよいでしょう。

あわせて差別化した商品あるいはビジネスモデルでプラットフォームを構築し、ネットワーク効果[※2]を獲得できるのか、デジタル化による限界費用の極小化は可能なのかを検討する必要があります。こ

のような従来の規模の経済（経験曲線効果[※4]、量産効果[※5]）を超える新たな規模の経済の追求はどの業界においても必要不可欠な投資課題となるでしょう。調達できる投資原資があるうちに果断に意思決定をすることが望まれます。

※1　RPA化：（Robotic Process Automation／ロボティック・プロセス・オートメーション）の略。定型業務やルーティンワークなどのオートマチック化のこと。

※2　ネットワーク効果：製品やサービスの利用者が増えるほど、その製品やサービスのインフラとしての価値が高まること。

※3　限界費用：ものやサービスを生産するとき、ある生産量からさらに追加で1つ多く生産するときにかかる追加費用のこと。

※4　経験曲線効果：経験値が増えてノウハウが蓄積されることで、製品1つあたりの平均費用が下がる効果のこと。

※5　量産効果：生産量の増加にともなって生産性が向上し、製品1単位あたりの製造原価が低下すること。

6 各章の概要

序章の最後に各章の内容を概観することにします。

1章では、目指すべき「価値ある商品」をVGI（Valuable Goods Indicator）という新しい指標を使って定義し、そこへ到達するための7つの方法論であるVup7について解説します。

2章では、Vup7に基づくプロフィットゴール・マーケティング戦略の構造、プロセスを解説し、プロフィットゴール・マーケティング戦略を立案する上で陥りやすい罠とその予防方法に触れます。

3章では、プロフィットゴール・マーケティング戦略の立案ステップ1：現状分析、ステップ2：目標設定について解説します。

4章では、ステップ3：仮説立案について顧客ニーズ、標的市場、商品、価格・原価の4つの視点で詳述します。

5章では、ステップ4：フィジビリティスタディの方法論について、事例を用いながら具体的に解説をします。

6章では、ステップ5：仮説立案により、より効果性の高いマーケティング戦略へと精度を高めてゆきます。

7章では、マーケティング戦略の実現可能性を高めるために営業戦略立案上の留意点を確認します。

8章では、根拠を持って投資をするために、精度の高い損益シミュレーションの進め方を解説します。

第1章

価値ある商品の考え方

1 価値ある商品とは何か

私たちが目指すべき商品とは、購入いただいたお客様に「価値ある商品だ」といっていただけることではないでしょうか。商品を通じてお客様の困りごとを解決したり、お客様に便利・有益な状態を提供することで、「買ってよかった。また買いたい」と感じていただけることが私たちの理想の商品といえるでしょう。

では「価値ある商品」とは具体的にどのような商品のことをいうのでしょうか。まずは商品そのものの定義を明確にしておきましょう。ここでは商品を、「顧客に提供することで顧客のニーズを満たす」ものとします。

例えば、ペットボトルの水は「のどの渇きを潤したい」という顧客のニーズを満たしてくれる商品です。しかし、のどの渇きを潤したいだけであれば、自宅の水道水でもよいはずです。ペットボトルの水の場合はさらに、「外出時にいつでも水分を補給したい」というニーズも満たしてくれます。さらに、「ミネラルを補給したい」というニーズも満たせる商品になれば顧客のニーズを満たす幅が広くなるといえます。そしてさらに「ミネラルをよりたくさん補給したい」というニーズを満たすことができれば、より深いニーズを満たせることになります。価値ある商品とは、顧客の幅広いニーズに対応し、ニーズの充足水準を深く満たす商品であるといえます。

そして、商品にはそのニーズを満たすための仕様が備わっています。ペットボトルには、「外出時にいつでも水分補給をしたい」というニーズを「子供でも持ち歩ける容易な形状・５００mlサイズ」

という商品の仕様を備えることで満たしています。また、「ミネラルを補給したい」というニーズに対しては、「マグネシウム含有量10mg」といった仕様がニーズを満たしています。価値ある商品の条件の第一は、顧客のニーズを満たす仕様を備えていることだといえます。

しかし、商品がいくら顧客のニーズを満たす仕様を備えていても、その商品を提供するために膨大なコストがかかる場合、価値ある商品といえるでしょうか？ コストが必要以上にかかってしまうと企業は利益が獲得できず、事業として成り立ちません。また、そのコストは価格にも反映され、顧客にとっても魅力的ではなくなります。全く同じペットボトルの水が他の店より高い価格で売られていたら、顧客は魅力を感じないでしょうし、逆に他の店より安ければ魅力を感じるでしょう。価値ある商品の条件の2つ目は、「商品にかけるコストが適切である」ことだといえます。

つまり、価値ある商品とは、「商品の仕様」と「コスト」のバランスで決まるといえます。この2つはトレードオフの関係になることが多いようです。例えば、ペットボトルのミネラルウォーターを、マグネシウムだけではなくカルシウムやその他さまざまな体によいミネラルを含んだものにしようとすると「商品の仕様のレベル（水準）」が高くなります。しかし、海外の標高が高い山脈の地下水まで採取しに行くとなると、当然、「コスト」が高くなります。一方、どこでも手に入るレベルのミネラル量にすれば「商品の仕様のレベル（水準）」は低くなり「コスト」も低くなります。商品の仕様とコストはトレードオフの関係になりやすいのです。そのため、価値ある商品を生み出すためには、まず何よりも顧客ニーズの内容とそのレベルをよく把握し、それに合わせた適切な仕様を、適切なコストで実現することが求められます。

このようにして、「価値ある商品」は仕様とコストとのバランスによって決まります。仕様は商品に備わるものですが、その仕様を評価するのは顧客です。顧客は商品の仕様に対して「いくらなら支払ってもよい」という金額で評価します。その金額と価格が同じ、もしくは下回った場合、購買行動を取るのです。ここでは「いくらなら支払ってもよい」という顧客の仕様評価額を「支払可能額(Payable)」とします。

これを分数の式を使って表すと図表1－1のように表現できます。分数式では分母は小さいほど、分子は大きいほど値は大きくなるので、価値ある商品の程度を高めるためには5つのパターンが想定されます。

図表1－1

$$\mathrm{VGI} = \frac{\text{Payable（支払可能額）}}{\text{Cost（コスト）}}$$

※VGI（Valuable Goods Indicator）：価値ある商品の指標
※Payable：顧客が支払う意思のある金額

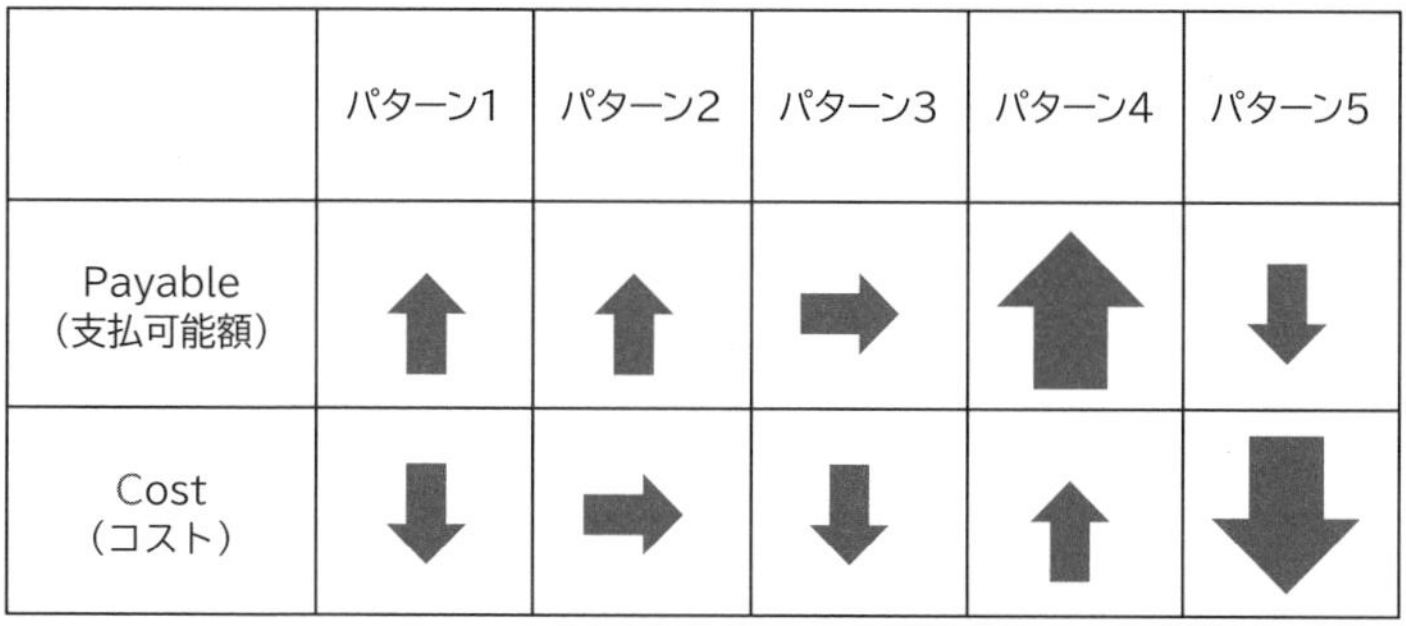

■価値ある商品を実現する５つのパターン

パターン1：支払可能額を高めながら、コストダウンを実現させる

パターン2：コストは変更せず、支払可能額を高める

パターン3：支払可能額を現状維持しつつ、コストを下げる

パターン4：コストを上げながら、それ以上に支払可能額を高める

パターン5：支払可能額を下げるが、それ以上にコストを下げる

2 VGI（価値ある商品の指標）

価値ある商品を「支払可能額（仕様の顧客による評価額）」と「コスト」を用いて、図表1－1の分数式で表現しました。ここでは商品の価値の程度のことをVGI（Valuable Goods Indicator）といいます。しかし、この式だけではそれが誰にとっていい商品なのか?がまだ曖昧です。実はこの式では、顧客の視点と売り手である企業の視点がまだ混在している状態です。そこで、価値ある商品の定義を「顧客」と「企業」に分けて考えてみたいと思います。

ここで分数式に新しい変数を導入し、分解してみます。この式に価格（Price）を加えると、顧客側と企業側に価値を分けることができます。この考え方を、図表1－1の分数式に導入してみると図表1－2のようになります。

そうすると、VGIは、Payable をPrice で割ったものと、Price をCost で割ったものの掛け算として表せます。

左側のPayable／Price は顧客にとっての価格の満足度を表すため、価格満足度指数とします。右側のPrice／Cost は企業にとっての利幅の程度を表すため、企業利益指数とします。商品を企画する段階において、既存の商品よりも価値ある商品を目指すには、この2つの指数の両方を高める必要があります。VGIが高くなったとしても、それが顧客にとって魅力の低いものであってはならないし、また企業にとって魅力の低いものであっては事業を継続することもできないからです。

私たちが目指す価値ある商品は、顧客と自社の双方が満足できるようにPayable・Price・Cost

の関係性の最適化を目指す必要があります。これによってまさに両者がWin-Winの関係になることができるのです。

図表1－2

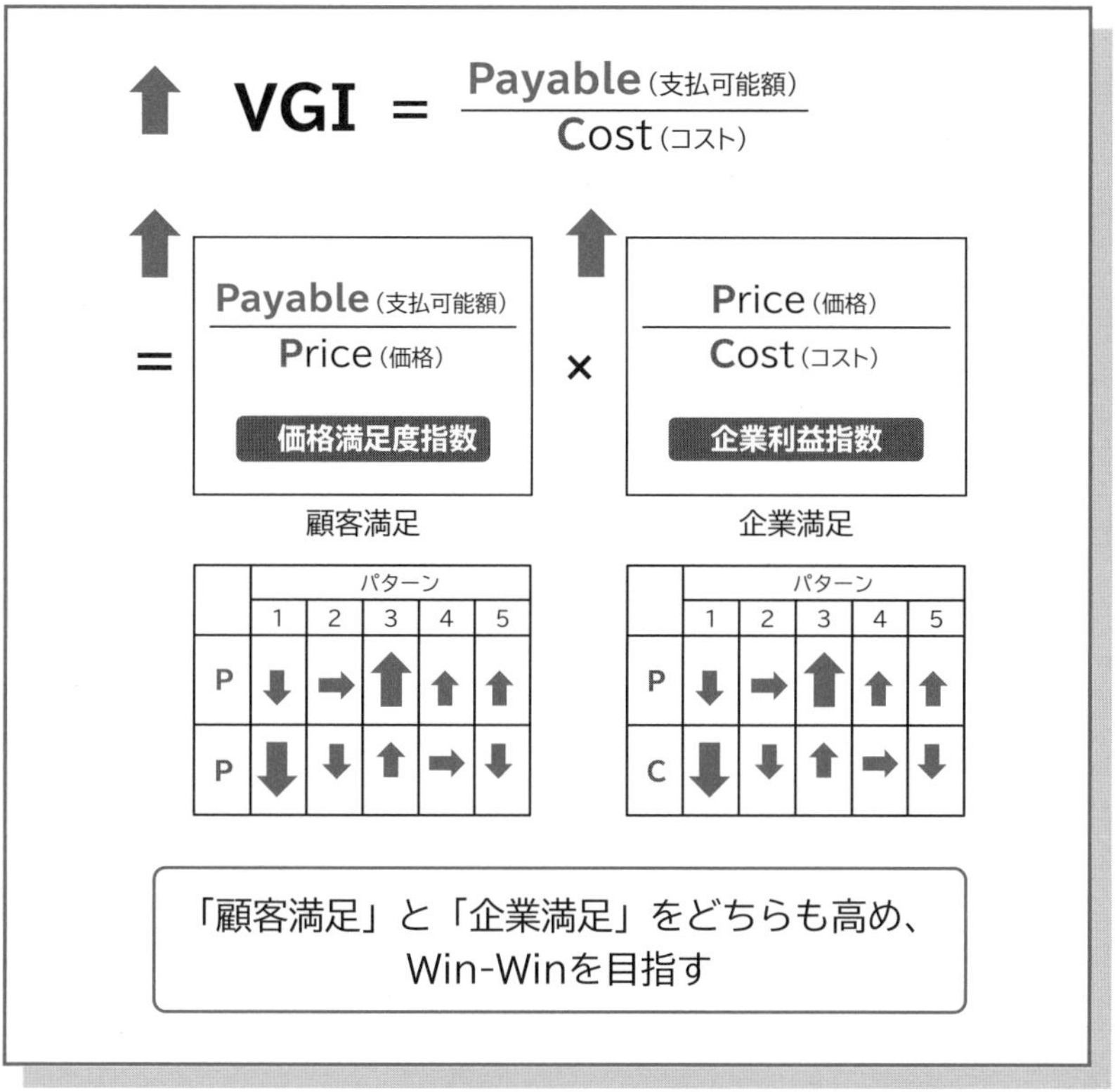

3 Payable・Price・Costの最適化

価値ある商品は、顧客の価格満足度指数と企業利益指数の双方を高めることが必要不可欠であると述べましたが、それを満たすためにトレードオフをトレードオンにする5つのパターンがあります。それらのパターンとは、価値ある商品の公式（図表1－2）における、Payable（支払可能額）／Price（価格）×Price（価格）／Cost（コスト）の関係から導かれます。価値ある商品では、顧客と自社がWin-Winの関係を満たす必要があるため、公式の3つの要素（Payable・Price・Cost）の関係性が最適化されなければなりません。

図表1－3①は、VGIを高めるための要因を表したものです。まず、顧客が求めるニーズを充足させてPayableを高めるためには、Priceは、上げる（↑）・維持（→）・下げる（↓）の3パターンが有効です。しかしその場合、企業利益指数においては、価格状況によってCostをコントロールする必要があります。そのパターンは次の5つです。

Priceを上げる（↑）場合には、①Costを上げる（ただし価格の上昇金額未満）②Costを維持する、③Costを下げる、の3パターンが考えられます。また、④Priceを維持するのであれば、Costを下げる必要があり、⑤Priceを下げるのであれば、Costはそれ以上に下げる必要があります。

次に、Payableを維持する場合に、顧客の価格満足度指数を高めるために、Priceを下げ（↓）なければなりません。価格を下げることで企業利益指数を高めるためには、当然コストを下げる必要があります（⑥が該当）。

そして最後の、顧客の価格満足度指数を高めるためには、仕様のレベルを下げるなどして支払可能額を意図的に下げ、それを下回る価格を設定することです。その際、企業の利益指数を高めるために、価格低減以上にコストを低減させる必要があります（⑦が該当）。

このように価値ある商品を生み出すためには、Payable・Price・Cost の3つの関係性を熟慮して、顧客の価格満足度指数と企業利益指数の双方が高まるようにする必要があります。

図表1－3①

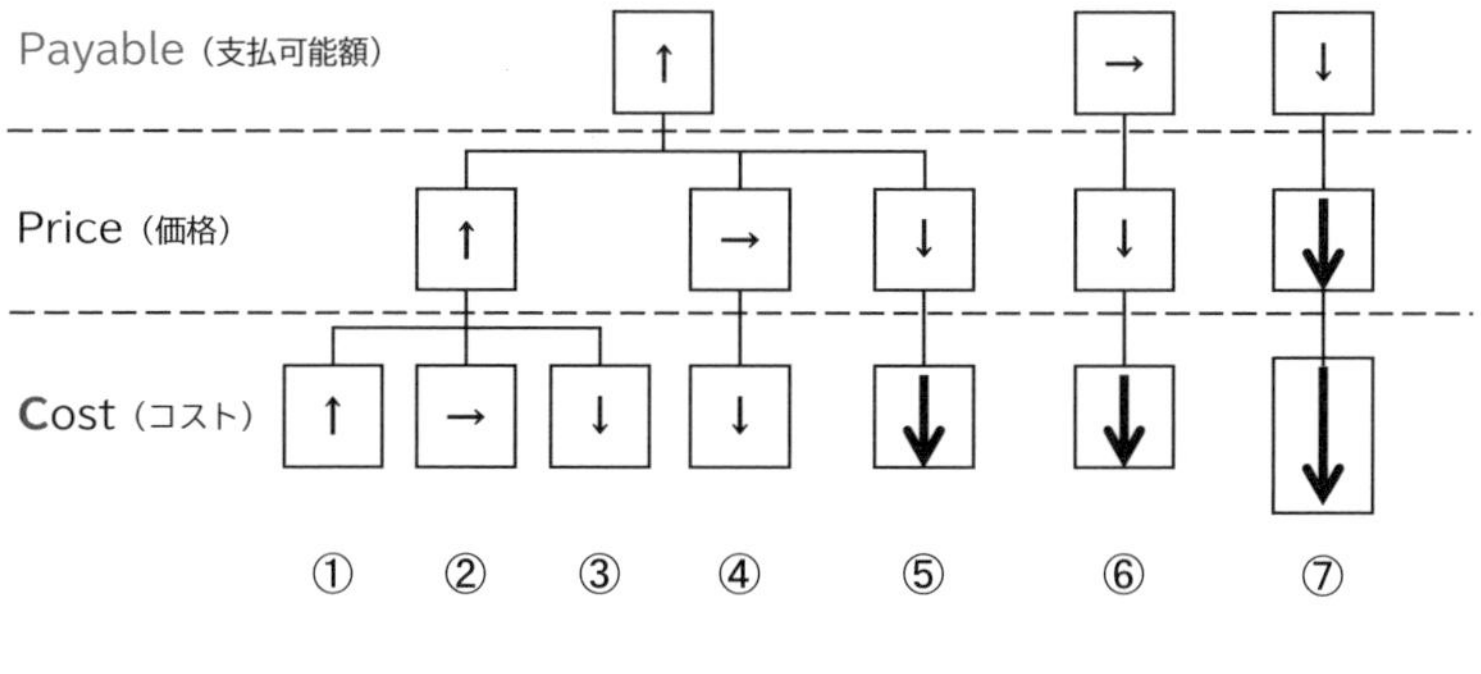

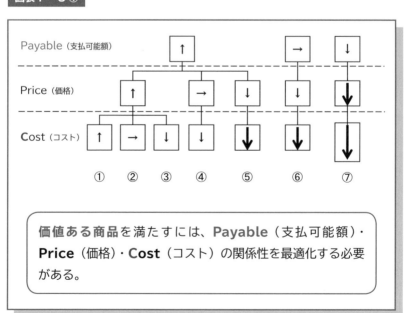

価値ある商品を満たすには、**Payable**（支払可能額）・**Price**（価格）・**Cost**（コスト）の関係性を最適化する必要がある。

4 価値ある商品の7パターン（Vup7）

価値ある商品をつくるため、つまりVGIを高めるためには顧客の価格満足度指数と企業利益指数の双方が高まるようにPayable・Price・Costの関係性を熟慮する必要があるとここまで述べてきました。このパターンは7つ存在し、これをVup7と呼びます。

図表1-3②は、7つのパターンをPayable・Price・Costの3つの軸で捉えたものです。価値のある商品は、自社・他社Payableの視点では、Payableを高めるパターンは5つあります。価値のある商品は、自社・他社商品を含め既存商品以上に顧客ニーズを満たす必要があります。次に、Costの視点では、Costを下げるパターンが7つ中5つあり、自社の価値を高めるためには、多くの場合、コストダウンが欠かせません。いかにしてPayableを高めながら、Costを下げるかが鍵となり、その両立を実現させることがマーケティングを成功させる上で欠かせません。

しかし、Priceの視点では、Priceを上げる・下げるがそれぞれ3パターン、維持が1パターンとなり、Payable とCostの視点と比べると検討の方向性が分散し、多様な選択が可能になります。マーケティング戦略を企画する際、PayableとCostだけにとらわれがちですが、価格をどのように設定するかを考慮することで、様々な選択肢が広がります。これがまさにマーケティング戦略の妙といえるでしょう。

マーケティングの価格政策では、価格を市場相場と同等と安直に設定するのではなく、価格設定の基本方針であるコスト志向・需要志向・競争志向の3つの観点から慎重に検討する必要があります。

価値ある商品の考え方

顧客の価格満足度指数と企業利益指数の双方を高めることを目的に製品・サービスを企画し、価格設定にこだわることが商品の価値を高めるポイントになります。

図表1－3②

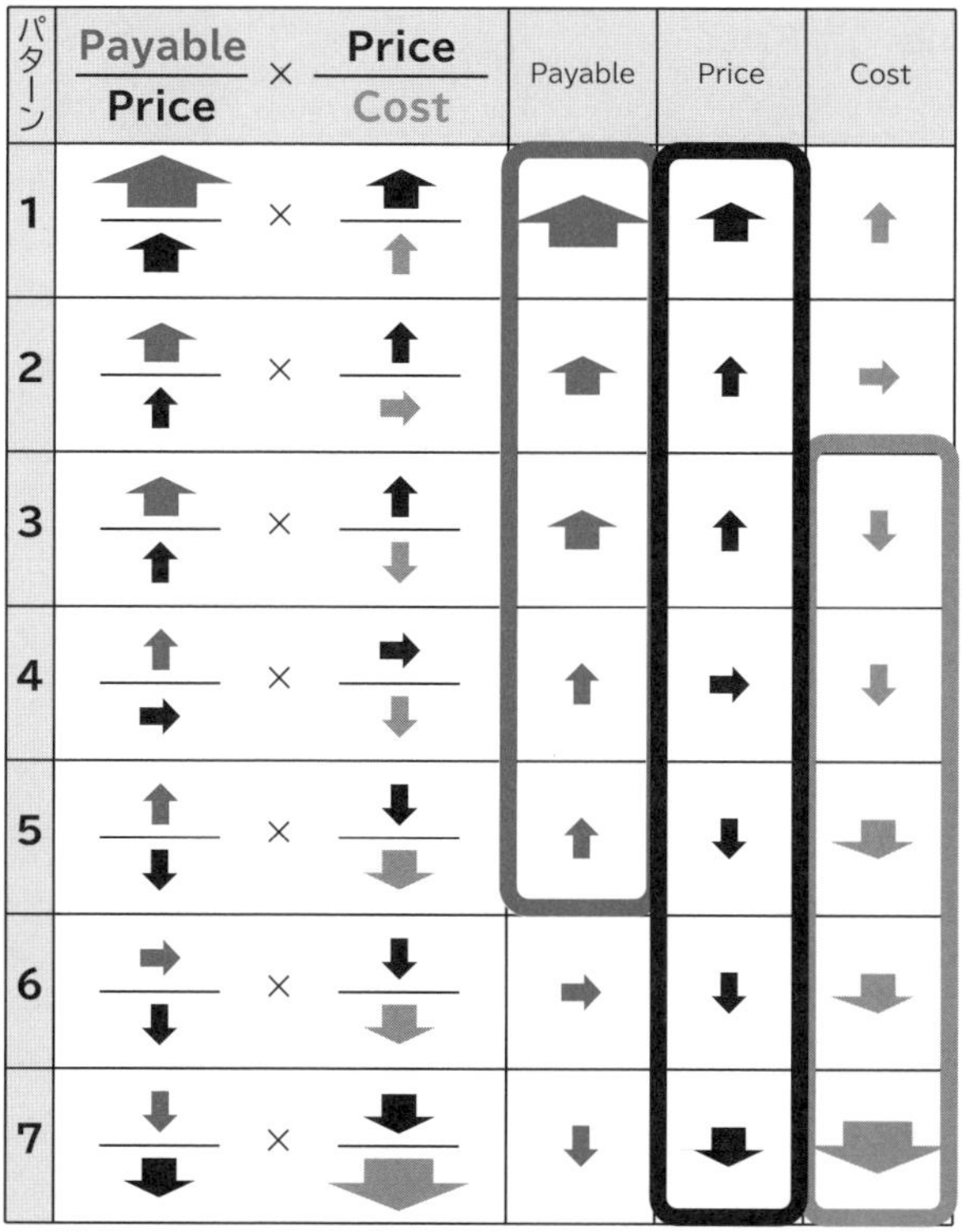

パターン	$\dfrac{\text{Payable}}{\text{Price}}$ × $\dfrac{\text{Price}}{\text{Cost}}$		Payable	Price	Cost
1	⬆ × ⬆		⬆	⬆	↑
2	⬆ × ⬆		⬆	⬆	→
3	⬆ × ⬆		⬆	⬆	↓
4	↑ × →		↑	→	↓
5	↑ × ⬇		↑	⬇	⬇
6	→ × ⬇		→	⬇	⬇
7	⬇ × ⬇		⬇	⬇	⬇

3要素の矢印出現頻度

	Payable	**Price**	Cost
↑	**5**	**3**	1
→	1	1	1
↓	1	**3**	**5**

Payable（支払可能額）を高め、Cost（コスト）を下げるパターンがそれぞれ5つと多いが、Price（価格）は上げる・下げるとも同等の数がある。

5 Vup7の類型

価値ある商品の7つのパターンは次のとおりです。

図表1－4

パターン	Payable/Price × Price/Cost		検討の方向性
1	積極的イノベーション型	↑/↑ × ↑/↑	・Payableを大幅に高める ・価格を上げる ・コストをかける
2	バリュー訴求型	↑/↑ × ↑/→	・Payableを高める ・価格を上げる ・コストを維持する
3	バリュー浸透型	↑/↑ × ↑/↓	・Payableを高める ・価格を上げる ・コストを下げる
4	プライスキープ型	↑/→ × →/↓	・Payableを高める ・価格を維持する ・コストを下げる
5	ハイコスパ実現型	↑/↓ × ↓/↓	・Payableを高める ・価格を下げる ・コストを下げる
6	プライスダウン型	→/↓ × ↓/↓	・Payableを維持する ・価格を下げる ・コストを下げる
7	ダウングレード型	↓/↓ × ↓/↓	・Payableを下げる ・価格を下げる ・コストを大幅に下げる

パターン①
【積極的イノベーション型】市場にない機能を付加し、価格を高めた商品。コストも投入し、徹底的にイノベーションを追求する。

パターン②
【バリュー訴求型】コストは現状を維持するが、価格を高め、それ以上にPayable（支払可能額）を高めた商品。顧客ニーズを別角度から捉えるために標的市場を変えることで実現させる。

パターン③
【バリュー浸透型】Payable（支払可能額）および価格を高めながら、パターン①②の成功をもとにスケールメリットでコストダウンを図る。そのためには、市場シェアを高めるための経営資源（リソース）が必要。

パターン④
【プライスキープ型】価格は現状を維持し、価格以外の価値を際立たせることでPayable（支払可能額）を高め、同時にコストダウンを図る。市場拡大に伴うスケールメリットをもたらすことで自社にも利益をもたらす。

パターン⑤
【ハイコスパ実現型】価格以外の顧客ニーズを現状よりも充足させながら、コストダウンにより低価格を実現する。高品質と低価格化の両立を目指す。

パターン⑥
【プライスダウン型】顧客ニーズの充足度は維持し、低価格化の実現で顧客満足度指数を高める。そのためには、価格以上に自社のコストダウンが実現する必要がある。

パターン⑦
【ダウングレード型】顧客が求めるニーズよりあえて、低仕様な商品を企画するなど、Payable（支払可能額）を下げる。その分、価格低減を実現しないと成立しない。徹底的なコストダウンの追求により、企業利益指数も高める。

パターン①【積極的イノベーション型】

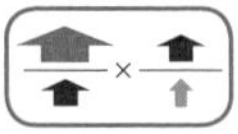

商品の機能・特徴を高め、高価格で提供するパターン。高付加価値・高価格商品。

支払可能額の向上を徹底的に追求し、それを実現させるためにコストをかけ、その分、価格に上乗せをする。積極的イノベーション型を実現させるためには、既存の顧客ニーズに対して、それを上回る機能・特徴を商品に付加する必要がある。もしくは、既存ニーズではなく、顧客の潜在ニーズを掘り起こすなど、顧客に驚きを与えることが肝心である。だからこそ顧客は、価格が高くても買うのである。

事例としては、スマートフォンが市場に投入されたことやパンを焼くための高機能トースター、丈夫で風に強い高価格のビニール傘などが挙げられる。積極的イノベーション型を創出するためには、開発に向かう組織のチャレンジ精神はもちろんのこと、失敗を許せる組織風土も欠かせない。

パターン②【バリュー訴求型】

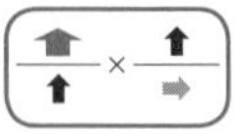

積極的イノベーション型と同様に、徹底的に顧客の価格満足度指数を高めるパターンである。価格は高めるが、コストは現状維持のまま、つまり商品原価を変えずに高価格で顧客へ価値を訴求する必要がある。マーケティングの４Ｐのうち、販売チャネル政策（Place）、プロモーション政策

（Promotion）を変更したり、商品の顧客ターゲットを変更したりすることで可能となる。

事例としては、国際的な音楽コンクールで優勝したピアニストを招いてコンサートの公演料を高める例や、希少価値を謳《うた》い文句としてワインをプロモーションするケース、子供向け英会話教室を大人向けへとターゲットを変更し、価格を高める例などが挙げられる。

パターン③【バリュー浸透型】

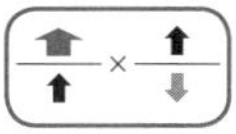

バリュー浸透型とは、高付加価値・高価格商品が市場に浸透し、規模の経済が働き自社のコストダウンが可能となるパターンである。顧客が価格に納得した上で、自社の利益が増加することとなるため、積極的イノベーション型とバリュー訴求型の発展形といえる。

このパターンは、顧客の価格満足度指数が1以上であることが条件で、商品やブランドに対する評判が成功を左右する。つまり、コアなファンがいるからこそ実現できるパターンであり、顧客との長期的な関係構築が重要となる。さらにその好評判によって商品は市場での地位を確立し、新たな顧客の創造につながる。ひいては、生産量の増加がもたらされ、原材料購入など取引先との価格交渉時において優位な立場に立つことができ、規模の経済によるメリットを享受することが可能となる。

一方、商品の販売量が増えることで、市場認知度が高まり希少性が下がり価格低下を招きやすいことは否めない。いかにして同じカテゴリーの商品よりも高価格を維持できるかがポイントであり、安易な値下げを避けなければならない。

事例としては、音響機器メーカーのＢＯＳＥによる高機能スピーカーやヘッドフォン、国産のウイスキーの「山崎」や「響」が挙げられる。

パターン④【プライスキープ型】

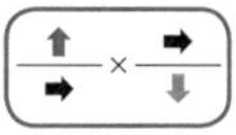

７パターンの中で唯一、同じカテゴリー商品と同等の価格を維持するパターンである。この場合、顧客の価格満足度指数の分子である支払可能額を高め、かつ企業の利益指数の分母であるコストを下げる必要がある。価値ある商品は顧客の価格満足度指数・企業の利益指数の双方を高めることが条件であり、Win-Win の関係をつくる必要がある。

価格を変更しない中で支払可能額を高め、自社のコストダウンを図ることは、難易度が高いといってよいだろう。このパターンは価格を上げることが困難な業種・業界で採用されるケースが多い。事例としては、５００mlペットボトルのお茶やコーヒーの増量商品（６００mlなど）が挙げられる。つまり、量産体制が整い、自社のコストダウンが可能な場合、それ以上の恩恵を顧客へ還元するケースが考えられるだろう。

パターン⑤【ハイコスパ実現型】

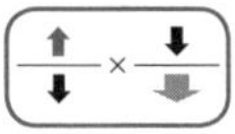

顧客にとってコストパフォーマンスが高いパターン。支払可能額が高いにもかかわらず、低価格を

実現した商品を指し「良いものをより安く」で日本の消費者に定着している。このパターンを実現するには、同じカテゴリー商品より低価格であることが条件となるため、自社のコストが現状維持もしくはハイコストの場合は、自社利益を減らしてしまう。つまり、価値ある商品として顧客・自社のWin-Winの関係を築くには、自社のコストダウンを図らなければならない。カジュアルウェアのユニクロや倉庫型低価格家具店のように、規模の経済とサプライチェーンの最適化を享受しなければ実現は難しい。

パターン⑥【プライスダウン型】

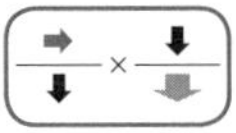

顧客の支払可能額は現状を維持し、価格のみを下げるパターンをプライスダウン型と呼ぶ。支払可能額は維持し、価格を下げるのであれば、コストダウンを図らなければ自社にとって価値ある商品とはならない。つまり、コストダウンの実現がこのパターンの必須条件となる。顧客にとっては、現状の商品が単に値下げされるため、購入のハードルは下がるが、売れ残り・在庫処分といった人気のない商品と認識されてしまう。そのため、値下げを打ち出すプロモーションを工夫しなければならない。

事例としては、中国の大手eコマースアリババが11月11日に「独身の日」と称する買い物デーを実施し、24時間で約4兆円の売上高を上げた例や、アパレル業界におけるシーズンセールなどが挙げられる。特定期間のプライスダウンにより大量に商品を販売することで、バイイングパワーを高めて合理化を実現する方法である。また、簡易に操作できる携帯電話やスマートフォンなどのように、製品の機能を特定の顧客に向けて絞り込み、顧客の支払可能額を下げずにプライスダウンする方法もある。プライスダウン型は、売れ残り商品の在庫処分として対応するのではなく、コストダウンの見通しを立てた上で、販売数量を増やし売上高・利益を高める計画を立てることが欠かせない。

パターン⑦【ダウングレード型】

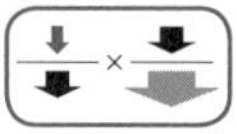

ダウングレード型は、市場における既存商品の機能・特徴をダウングレードすることにより、あえて支払可能額を下げ、その分値下げを実現させるパターンである。高機能商品の商品改良が該当する。ダウングレード型は、支払可能額・価格・コストのすべてを下げるパターンとなるため、万が一、顧客に粗悪品というイメージを持たれた場合、商品だけではなく企業ブランドのイメージ低下にもつながりかねない。既存商品が、顧客が求めるニーズよりも機能・性能が大きく上回っており、かつ価格についても顧客が求めるよりも高価格になっている場合に有効である。

事例としては、インドの自動車メーカータタ・モーターズが、徹底的な仕様の見直しとコストダウンで約28万円での発売を実現した超小型車ナノの例など、高級品や普及品の仕様のレベルを落として、低価格を実現する商品などが挙げられる。ダウングレード型は、支払可能額の低下を前提とするため、実現するためには、顧客ニーズと商品の機能・性能のギャップ分析が欠かせない。

Vup7を検討する際の留意点

以上、価値ある商品の7つのパターンを見てきましたが、商品を企画する際には、自社の内外の環境を分析しこれらのVup7のどのパターンを採用するかを検討する必要があります。

その際、常に念頭に置かなければならないことは、顧客と自社のWin-Winの関係です。パターン⑤⑥⑦はプライスを下げることで顧客の価格満足度を満たすことはできますが、同時にコストダウンを図らなければ自社の利益が減ってしまいます。多くの商品が価格を下げることで顧客ニーズを満たす傾向にありますが、顧客ニーズを満たすあまり自社の利益を損なってしまうことは避けるべきなのです。価格を下げることはひとつの選択肢であり、これを採用するには、コストダウンが条件であることを、あらためて認識しなければなりません。

第2章

プロフィットゴール・マーケティング

1 マーケティングの考え方

1. マーケティングとは何か

企業（組織）は、市場（顧客）のニーズを充足させるために様々な活動を行っています。その活動を事業活動と呼び、企業（組織）はその対価として売上高を獲得しながら費用を費やし、利益を享受しています。この市場に対する活動を仕組みとして行うことをマーケティングといいます。

もう少し平易な言い方をすると、マーケティング（＝「Market」＋「ing」）とは「市場」に「働きかけること」といえます。具体的には、標的とする市場（顧客）を設定し、どのような商品（Product）を、いくらで（Price）、どのような販売チャネルで（Place）、どのように（Promotion）提供していくかという活動です。

マーケティングを考える際は、「市場創造を果たす」ということを念頭に置かなければなりません。市場には既存市場と新規市場があり、既存市場には、自社のみならず競合他社も存在しているため、パイの奪い合いが発生します。そのため既存市場では、コスト優位性か商品差別化の2つの選択肢を検討しなければなりません。できる限り価格以外の差別化で勝負することで、企業の利益指数は高まりますが、価格満足度指数を高めることは容易ではありません。

そこで、新市場を開拓し、競合が全く存在しない領域をいかに切り開くかが、マーケティングを成功させるポイントです。日本企業はこれまでモノづくりで市場を創造してきましたが、現在では米国や中国の企業群がインターネットを活用して新たな市場をつくり出しています。日本企業がこれまで以上に市場を切り開くためには、世の中の変化に広く、高くアンテナを張り、将来を予測しながら、マーケティングを考えていく必要があります。市場を開拓し創造することこそ、マーケティングの醍醐味といえます。

図表２－１　マーケティングの概念

マーケティング戦略とは

市場創造の仕組みづくり

目的：市場創造
対象：標的市場の顧客
方法：マーケティング・ミックス（4P）の要素
　Product（商品政策）
　Price（価格政策）
　Place（販売チャネル政策）
　Promotion（プロモーション政策）

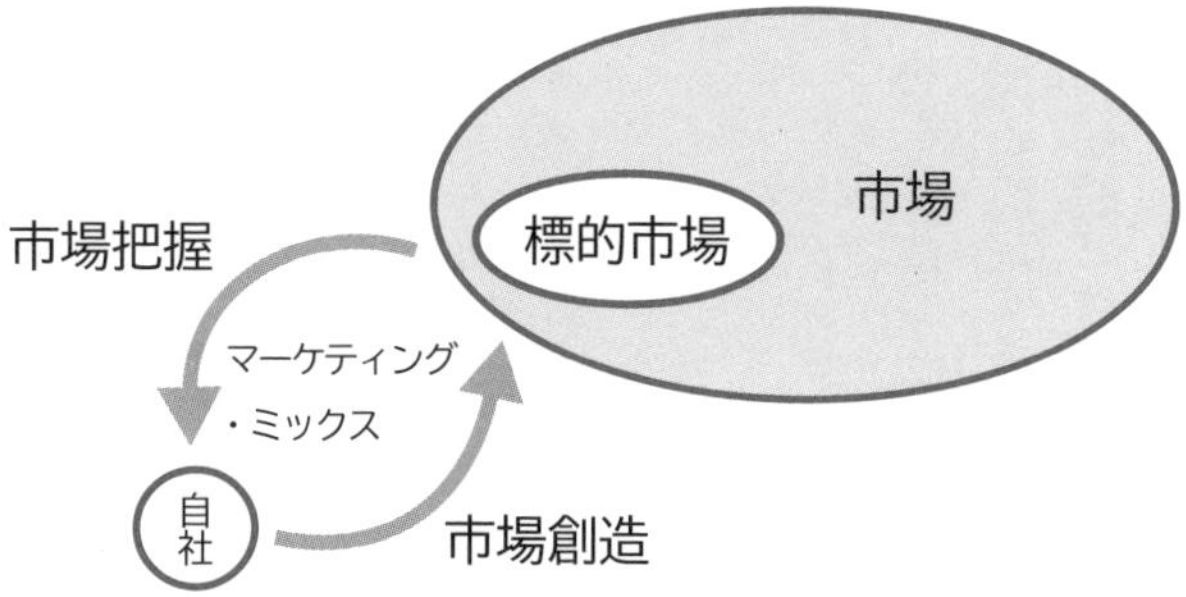

2. マーケティング戦略とは

そして、このマーケティングという仕組みを体系的に捉え、具体的にどのようなことを行うかについて規定したものがマーケティング戦略です。

このマーケティング戦略は、大きく2つのフェーズに分けることができます。1つは「市場把握」フェーズであり、市場（顧客）が求めるものは何であるかを知るための活動です。もうひと1つは、「市場創造」フェーズであり、市場（顧客）が求めるニーズに対して、商品（製品・サービス）の提供を通じて、そのニーズを満たし市場を開拓・拡大していく活動です。この2つの活動は、市場把握→市場創造という流れが大原則ですが、2つのフェーズの相互作用が、マーケティング活動の成功のポイントとなります。

3. マーケティング戦略の体系

では具体的にどのようにマーケティング戦略を立案したらよいのでしょうか。その全体像が図表2－2です。

まず、組織における上位層が提示する目標にそって、マーケティング目標を設定する必要があります。上位層が提示する目標とは、中長期計画などに含まれる指標を指し、具体的には売上高目標や営業利益率など、組織全体の目標を指します。一方、マーケティング目標とは、事業部や商品（製品・サービス）ごとに設定する目標であり、具体的には売上高や市場シェア、店舗数などの市場ポジション目標のほか、売上高総利益率や営業利益・営業利益率など、自社の利益目標も含まれます。

図表２－２　マーケティング戦略の構造

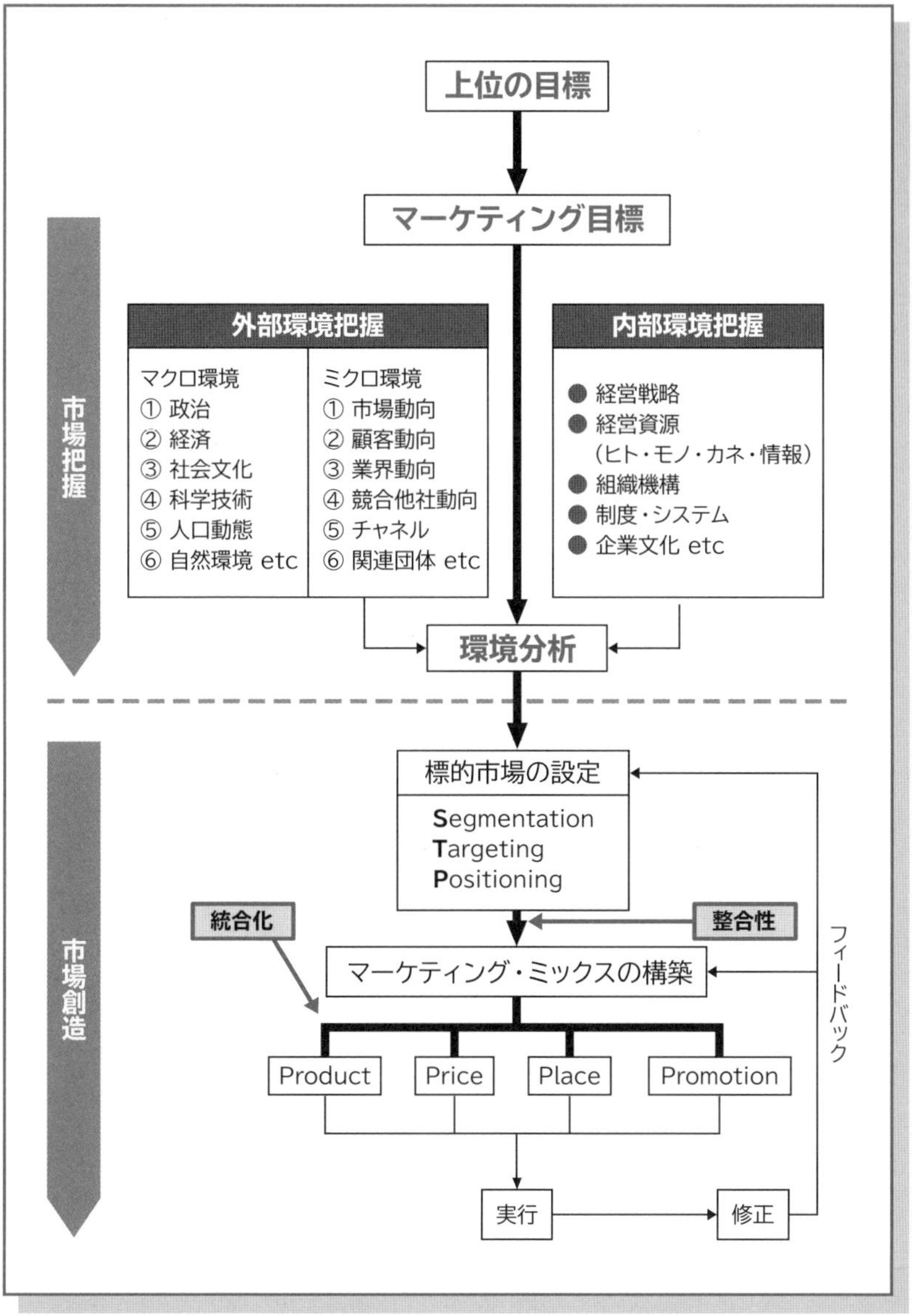
上位の目標
マーケティング目標
市場把握
外部環境把握
マクロ環境
① 政治
② 経済
③ 社会文化
④ 科学技術
⑤ 人口動態
⑥ 自然環境 etc
ミクロ環境
① 市場動向
② 顧客動向
③ 業界動向
④ 競合他社動向
⑤ チャネル
⑥ 関連団体 etc
内部環境把握
● 経営戦略
● 経営資源
（ヒト・モノ・カネ・情報）
● 組織機構
● 制度・システム
● 企業文化 etc
環境分析
市場創造
標的市場の設定
Segmentation
Targeting
Positioning
統合化
整合性
マーケティング・ミックスの構築
Product
Price
Place
Promotion
実行
修正
フィードバック

そのマーケティング目標を踏まえ、市場の環境分析を行いますが、一般的には自社の外部環境と内部環境に分けて分析します。外部環境は、政治・経済など自社が統制不可能な領域であるマクロ環境と、市場や競合他社の動向などある程度影響を与えることが可能なミクロ環境に分けることができます。また、内部環境については、自社の経営戦略・経営資源（ヒト・モノ・カネ・情報）や組織機構、企業文化などについて、客観的に分析します。ここまでが市場把握のフェーズです。

この環境分析を踏まえて、自社が対象とする市場、すなわち標的市場を設定します。市場をすべてが同一と見なすのは現実的ではなく、ニーズごとにいくつかの市場に細分化して考える必要があります。これを市場細分化（Market Segmentation）と呼びます。そして、細分化した市場（セグメント）に対して自社はどのセグメントを狙うかを定めます。これが標的市場の設定（ターゲティング（Targeting））です。さらに、自社が対象とする市場の中で、競合他社と差別化できているかを確認することをポジショニング（Positioning）と呼び、標的市場の設定フェーズでは、ＳＴＰ（セグメンテーション・ターゲティング・ポジショニング）を設定するといいます。

狙った標的市場に対して、マーケティング・ミックスを構築していきますが、ここでは、何を（Product）、いくらで（Price）、どの販売チャネル（Place）で、どのように（Promotion）提供していくかを検討します。これを４Ｐと呼びます。４Ｐを構築したら、具体的な計画を立案し、実行に移します。しかし、すべてが計画通りにいくことは稀《まれ》であり、多くの場合、現実に即した修正行動が必要であり、４ＰもしくはＳＴＰまで遡り、修正行動を取ります。

以上の流れがマーケティング戦略の構造になります。

2 マーケティング戦略立案で陥るワナ

1. 脆弱な損益シミュレーション

これまで見てきたように、マーケティング戦略の立案は、市場把握と市場創造の仕組みを組み立てていくわけですが、ビジネスで大切なことは、そのマーケティングを実行し、利益を得ることです。いかによいマーケティングプランであっても、利益を獲得し続けなければその事業は、撤退せざるを得ません。そのためにマーケティング戦略の立案では、必ず損益シミュレーションを作成し、利益が獲得できるかどうかを確認する必要があります。さすがに実務では、マーケティングプランに損益シミュレーションを添付しないなどあり得ませんが、収益と費用の見積もりが甘く、脆弱なシミュレーションである場合が多く存在します。

例えば、新しい学習塾の経営を始めようとマーケティング戦略を立案する場合、環境分析を行った結果、都心部では競争が激化しており、各学習塾とも教材の質・講師の質とも高く、進学率も同等レベルであり、最後は通いやすさという立地面しか差別化要素が残っていない状況を想定します。そこで、ある地域に特化して、人気があるスポーツのクラブチームを設立し、そのクラブチームの中で学業を教えるサービスを追加するビジネスを考案した場合、グランド利用費、学習教材費、スポーツ専用コーチの人件費、学業専門コーチの育成費など、様々なコストを算出しなければなりません。

さらに売上面では、入会金、月謝、教材費などを決定し、損益分岐点を算出する必要があります。

もし、入会者数が少ないのであれば、より多くのプロモーションコストをかける必要があったり、場合によっては、月謝を下げたりするなどの案も検討しなければなりません。そのために、複数の損益シミュレーションを作成しますが、この時点で採算が合わなければ、マーケティング戦略をゼロベースで考え直すことも必要です。そうなると事業スタートが遅れ、たとえ良いプランであったとしても競合に先を越され「時すでに遅し」となりかねません。

たとえ事前に精緻な損益シミュレーションを策定しても、マーケティング戦略を実際に実行してみなければ、成功するかどうかはわかりません。環境変化が激しい時代だからこそ、実行しながら修正し、創意工夫で利益を獲得するチャンレンジ精神が必要です。

ビジネスを行う上では「成功確率を高める」ことが何よりも重要であり、そのためにビジネスパーソンが頭を使う意義があります。「いかに成功確率を高めるか」がマーケティングの基本なのです。利益を獲得できるプランを考えることに主眼を置き、マーケティングプランを構想することが大切です。

2. 損益シミュレーションのタイミングの難しさ

脆弱な損益シミュレーションを策定してしまう理由は、マーケティング戦略の立案ステップの構造に問題があるからです。一般的にマーケティングは上位方針の確認、マーケティング目標の設定、環境分析、標的市場の設定、４Ｐの構築という流れで進めますが、この後工程で損益シミュレーションを作成するケースがほとんどのようです。

　このような流れでプランを策定する大きな理由は、マーケティング自体がアート的であり、クリエイティブな仕事であるからです。売上高・費用・利益を検討することはもちろん大切な要素ですが、あまり財務上のロジックに縛られてしまうと発想力が乏しくなり、イノベーティブなマーケティングプランが生まれにくくなります。実際には限られた経営資源でビジネスをしなくてはなりませんから、あまり多くの人員やコストをかけることは難しいでしょう。そのため、まずは費用などの経営数値についてはこだわらず、後でしっかりと精緻な損益シミュレーションを立てるというのが実情ではないでしょうか。

　特に損益シミュレーションの策定段階で、利益の確保が見込めない場合に安易に価格を変更しがちです。その結果、マーケティング戦略の整合性が取れなくなり、せっかくよいプランであっても、中途半端な内容になってしまうケースが見受けられます。高所得層を狙った付加価値の高い商品を開発したにもかかわらず、採算性が合わないため、価格帯を下げて売上数量を確保しようとすることなどは、適切なマーケティング・ミックスとはいえません。もし、価格を変更するのであれば、標的市場そのものから見直す必要があり、マーケティング戦略を再設計することが必要です。しかしながら、実務では、すでに営業活動のスケジュールが決められていて、後戻りできず、迷走しながら事業をスタートさせてしまうケースが散見されます。

図表２－３　**一般的なマーケティング戦略の立案ステップ**

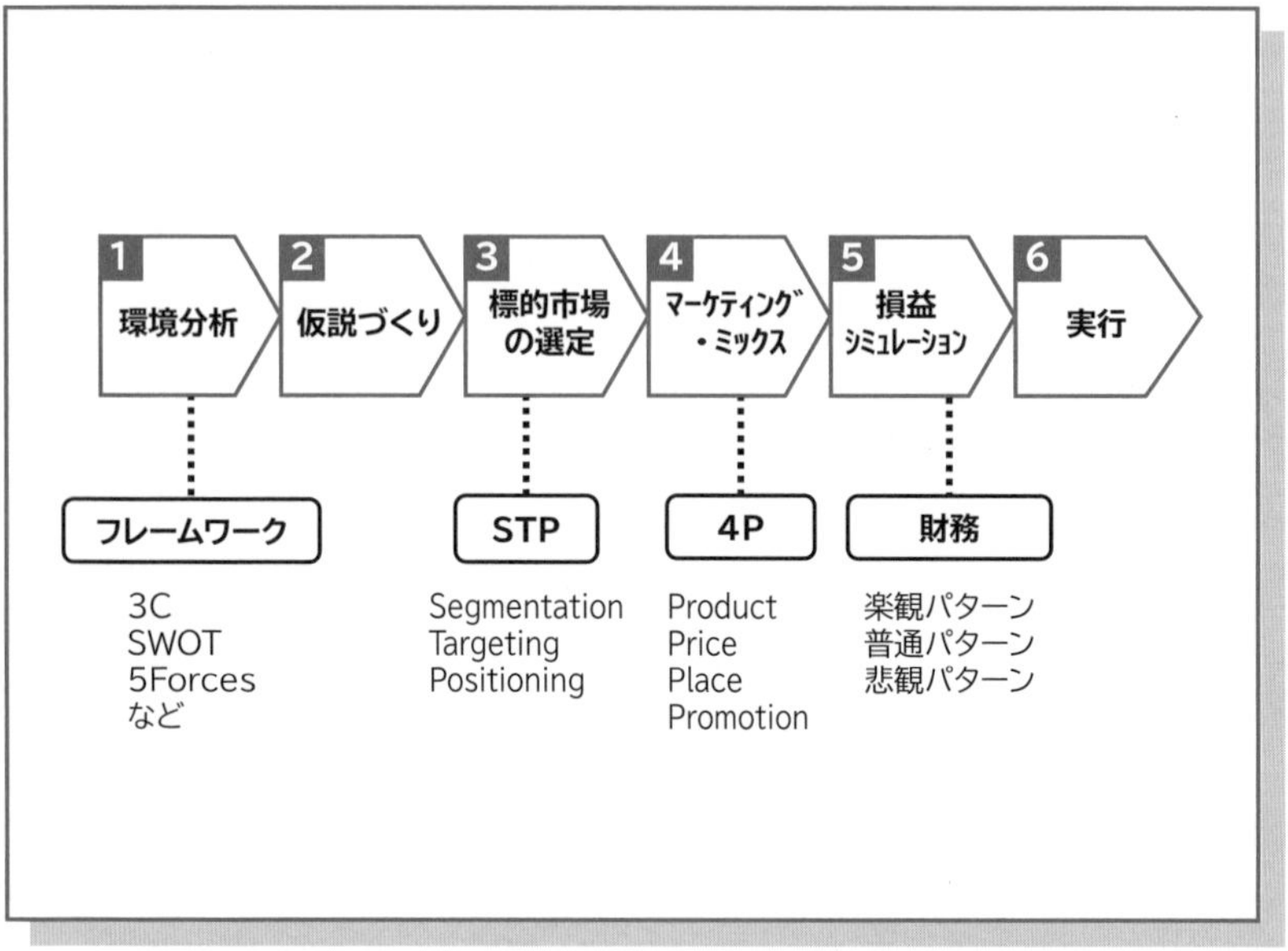

3 プロフィットゴール・マーケティング

1. ゴール設定がすべてのはじまり

企業の存続・発展が組織の命題である以上、その源泉である利益の創出こそがビジネスの最大の目的です。そして、この目的を実務で果たすために必要なことが、「目標設定」です。つまり利益目標について「いつまでに・どのレベルまで」を明確にすることです。この目標設定がないままプランを策定し推し進めたり、曖昧であったりすると、実行段階において改善行動が取れないばかりか、検証すらできない状況に陥ります。

何か新しいプランで仕事をしてみたい、組織の現状を打破するためにイノベーティブな商品を生み出したいと考えるビジネスパーソンが多く存在し、様々なチャレンジをしています。しかし、営業戦略を立案して、いざ実行フェーズに入るとなかなか思うような成果が出ないことも多くあります。成果が出ないと担当社員のモチベーションも下がり、当事業から逃げ出したいと思う社員も増えることでしょう。仕事においてチャレンジ精神を持ち続けることはとても重要なことですが、仕事において大切なことは結果です。特に新規ビジネスを展開する上では、結果が出てこそ組織の成長があります。その結果を偶然に生み出すのではなく、必然で生み出せるようにすることが肝心です。まずは、その結果となる数値目標の設定を正しく行うことこそが、ビジネスを始める第一歩です。その数値目標を思い描く力こそが、マーケティング戦略の立案を具体化させる力になります。

目標設定については、経営層から提示されている場合もあれば、全く提示されていない場合もあります。提示されていない場合には、マーケティング戦略を立案するリーダーが設定した上で、それを経営層へ上申し、合意を得てから進めることが肝心です。明確な数字の合意が取れないとしても、何年後に、どの利益項目を、どのレベルにするのかという方向づけだけは、確認を取る必要があります（図表２－４）。ここでは、論理性だけでなく事業創出にかける熱意や情熱といったプラン策定側の思いも必要になってきます。

図表２－４　プロフィットゴールの方向性

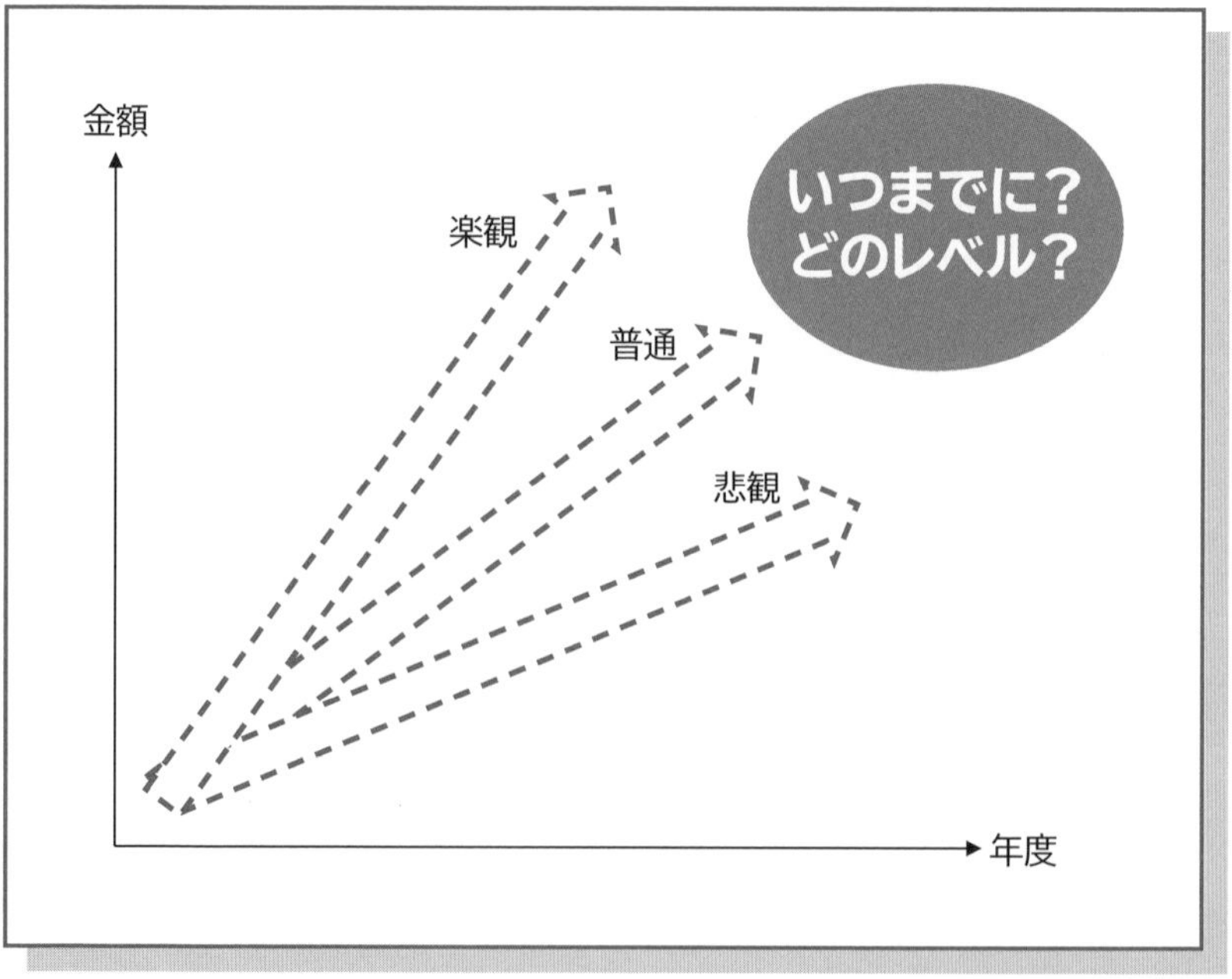

2．KGIはプロフィットゴール

マーケティング目標では、売上高目標、市場シェア、業界内ランキングなど様々な指標がありますが、KGI（Key Goal Indicator：重要目標達成指標）は、プロフィットゴール（利益目標）でなければなりません。事業を継続的に存続してこそ、顧客や社会に対する継続的貢献が可能となります。そのためには、売上高や規模を拡大しながら、利益の最大化を目指すことになります。その中でもまず焦点を当てるべき指標は「営業利益」とその源泉である「売上総利益」です。営業利益は、営業活動を通じて得られる利益であり、マーケティング活動で得られた利益といえるものです。この営業利益を「いつまでに・どのレベルまで」にするかを設定することが、プロフィットゴールの設定です。一般的には、新規マーケティングプランでは、3年で単年度黒字、5年で累積損益黒字といわれていますが、それにこだわることなく自社の置かれている現状および上位層の方針によって定めることが肝心です。

目標設定で留意しなければならない点は、低目標にならないようにすることです。そのためには、同業他社や異業種の企業の利益状況を参考にした上で、できる限り高い目標設定を行うことが必要です。ほとんどの業界が成熟期にあるといわれている現状では、低目標になりがちです。目標が低いと、マーケティングプラン自体が市場環境の現状にマッチしたものになりがちで、製品・サービスの付加価値が低く、最終的には価格競争に陥り、利益率が低下してしまうおそれがあります。できる限り売上総利益の高い商品開発を行い、高利益率である商品戦略を考案することが肝心です。

低目標になってしまう大きな要因は、前例踏襲主義という考え方です。自組織の現状の営業利益率が3％の場合、同様の数値もしくは、若干高めの目標を設定しがちです。せっかく新しいプランを立案するのですから、飛躍的に高い目標設定を行い、その目標を達成するためのプランを練ることに力を注ぎましょう。

図表２－５　ゴールは利益創出

3．マーケットゴールの設定

利益目標の設定の次は、マーケットゴールの設定です。マーケットゴールとは、市場シェア・業界内ランキングなど、市場を創造する上での指標となる売上高に関連するゴール指標です。新規マーケティングプランを立案する上では、どの市場で（どこで）、どの地位（誰）を狙うかを定める必要があります。ほとんどの市場は自社のみならず競合他社も存在しています。市場においてはリーダーであるべきです。なぜならば、一般的に市場におけるリーダーは、売上高の伸長とともにスケールメリットによるコストダウンが可能となり、また価格決定権を持ち、利益創出に有利だからです。

しかし、市場でリーダーではない場合は、どの地位を狙うかを定める必要があります。無理をしてリーダーを狙おうとするとコスト高となり、利益を享受できないおそれがあります。そのため、自社の経営資源で獲得が可能な売上高目標を設定する必要があります。

図表２－６　マーケットゴールの方向づけ

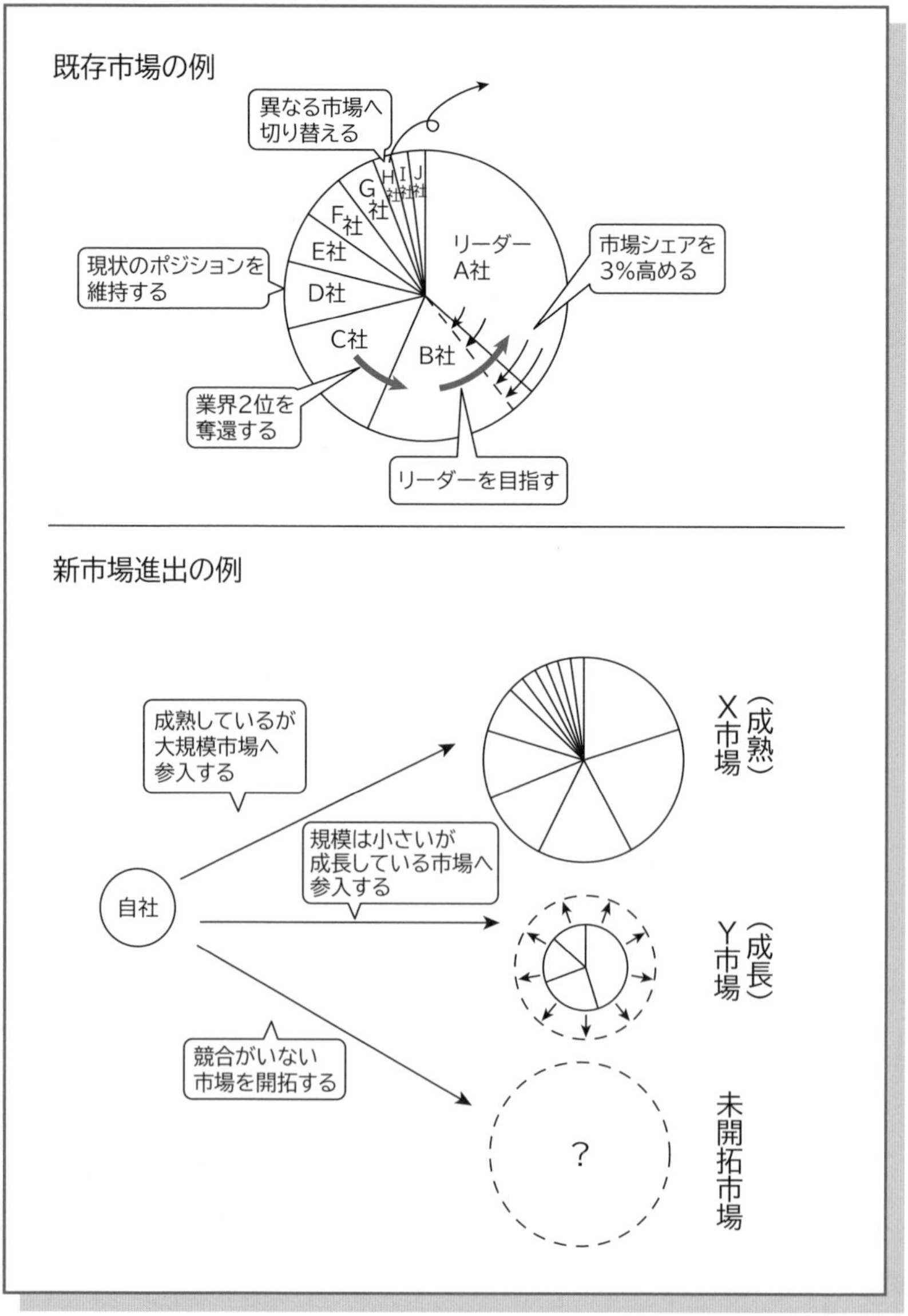

既存市場の例
異なる市場へ切り替える
リーダーA社
B社
C社
D社
E社
F社
G社
H社
I社
J社
現状のポジションを維持する
市場シェアを3%高める
業界2位を奪還する
リーダーを目指す
新市場進出の例
自社
成熟しているが大規模市場へ参入する
規模は小さいが成長している市場へ参入する
競合がいない市場を開拓する
X市場（成熟）
Y市場（成長）
?
未開拓市場

4. 売上高伸長率と売上高総利益率の最大化をねらう

プロフィットゴール・マーケティングでは、利益の最大化が目的となります。最終的には営業活動を通じて得られる利益である営業利益の獲得がゴールとなりますが、この営業利益を高めるためには、その前提となる売上高総利益率を高める必要があります。日本企業は、高度経済成長期に経済復興を果たしましたが、バブル崩壊を機に、経営環境は一変しました。特に消費財については、低価格化が進み「良いものをより安く」が定着化しました。企業は努力を重ね、顧客の多様化するニーズにきめ細かく対応すると同時に、様々なコストダウンを行い、私たちの生活を豊かにしてきたことは間違いありません。

一方で、バブル崩壊後企業の売上高総利益率が下がり続け、利益体質が脆弱化し、いまだ復活の道筋が見えません。今こそ、商品の付加価値（会計用語の売上総利益は付加価値を表します）を高め、企業が利益を獲得しながら、経済を活性化させる必要があります。このような観点からもプロフィットゴール・マーケティングによって、売上高総利益率の最大化を図る必要があります。

また、利益確保は短期的ではなく、中長期的でなければなりません。そのためには、売上高を常に伸ばし続けながら同時に売上高総利益率の最大化を達成させる必要があります。市場（顧客）が永続的に望んでくれる商品こそ、売上高伸長率が高く、売上総利益も高くなるのです。そのためには、顧客が望む顕在ニーズ（目に見えるニーズ）のみならず、潜在ニーズ（目に見えないニーズ）の掘り起こしが必要です。高い目標数値を設定することはできますが、それを実現させるには、並大抵の努力では成し遂げられません。様々なものの見方・考え方を持ちながら、発想力と論理力を両立させて、価値ある商品をつくり上げ、新たな市場を獲得していきましょう。

5. 戦略立案の7ステップ

プロフィットゴール・マーケティングの立案は次の7ステップで進めます。

STEP1：現状分析……上位方針の確認および商品分析・財務分析
STEP2：目標設定……プロフィットゴール・マーケットゴールの設定
STEP3：仮説立案……顧客ニーズの仮説・標的市場の仮説・商品の仮説・想定価格の設定
STEP4：フィジビリティスタディ……プロトタイプづくり・Payable 調査
STEP5：仮説修正……フィジビリティスタディの検証・商品政策・価格政策の確定
STEP6：営業戦略立案……販売チャネル政策・プロモーション政策の立案
STEP7：損益シミュレーションの策定……プロフィットゴールに対する検証

STEP1とSTEP2は、プロフィットゴールを設定するプロセスとなり、マーケティング戦略立案の起点となる部分です。ここでは、できる限り高い目標設定が必要になってきます。そのため、

STEP1の現状分析の段階で視野を広く持ち、様々な角度から市場・競合・自社を分析することが肝心です。具体的には、自社・競合商品の分析を4Pの観点で相対的に分析し、自社の強み・弱みを把握します。また、STEP2の目標設定では、プロフィットゴールとともにマーケットゴールを設定し、自社が関わる市場においてのシェア・ランキングなど売上高に関連する目標を設定し市場における自社が目指すポジションを明確にします。

STEP3は、現状分析と目標設定を踏まえた、マーケティング仮説を立案します。具体的には標的市場の設定から始めます。すなわち誰のどのようなニーズに対してビジネスを展開していくかを検討します。STEP1の競合商品および自社商品の分析からある程度、市場のニーズが読み解けていますので、どの顧客群を対象とするのかを絞り込んでいきます。これがターゲティングであり、マーケティング戦略策定上において最も重要なプロセスとなります。できる限り競争優位性を担保できる市場を選択することがプロフィットを獲得する近道となりますので、顧客ニーズのみならず競合他社の動きも見ながら標的市場を確定することが必要です。標的市場が定まったら具体的に商品コンセプトや商品の仕様を定め、想定価格も設定していきます。

仮説が定まったらSTEP4のフィジビリティスタディへ移行します。フィジビリティスタディとは、実行可能性調査のことで、商品のプロトタイプ（試作品）を作成し、実際に顧客へインタビューやアンケート調査を行い、顧客の反応を見極めます。また、想定価格についても調査を行い、商品に対する支払可能額を把握します。これをPayable調査と呼び、価格設定における重要な調査となります。このPayable調査については第5章で詳述します。

次は、STEP5の仮説修正です。フィジビリティスタディを踏まえて、商品仮説および価格を確定する段階です。顧客へのヒアリングおよびアンケート調査を踏まえて、商品の改訂を幾度か行います。必要に応じてさらにフィジビリティスタディを追加し、仮説修正を繰り返します。価格については、Payable調査を踏まえて、価格決定を行い、同時に商品の原価を確定します。ここで売上高総利益率が確定しますので、ＶＧＩを実現できるかどうかを確認する必要があります。もし、ギャップがあるようであれば、商品の仕様および原価・価格を修正しますが、プロフィットゴールを確認し、売上総利益を極端に下げることだけは、避けなければなりません。

商品と価格が確定したらSTEP6：営業戦略の立案です。マーケティング・ミックス（４Ｐ）における販売チャネル政策（Place）とプロモーション政策（Promotion）の策定です。販売チャネルの選択によっては、意図した価格が容易に変動する可能性があるため、慎重に検討しなければなりません。すべてのチャネルに開放的に流通した場合、商品の認知度は高まりますが、値崩れを起こす可能性があります。また、チャネル政策に連動してプロモーション政策も商品政策・価格政策に大きな影響を与えますので、ここまで検討してきた内容と、整合性が取れるように進める必要があります。

そして、STEP7：損益シミュレーションへと進みます。商品・価格政策によって、商品原価・販売価格が確定し、営業戦略によりチャネル・プロモーション政策が確定していますので、広告宣伝費などの販売費が把握できる状態になっています。ここでは、具体的にマーケティング戦略を数値に落とし込む作業により、予想営業利益を算出することが可能となります。プロフィットゴールとの整合性が取れれば、いよいよマーケティング戦略の実行へ移行していきます。

図表２－７

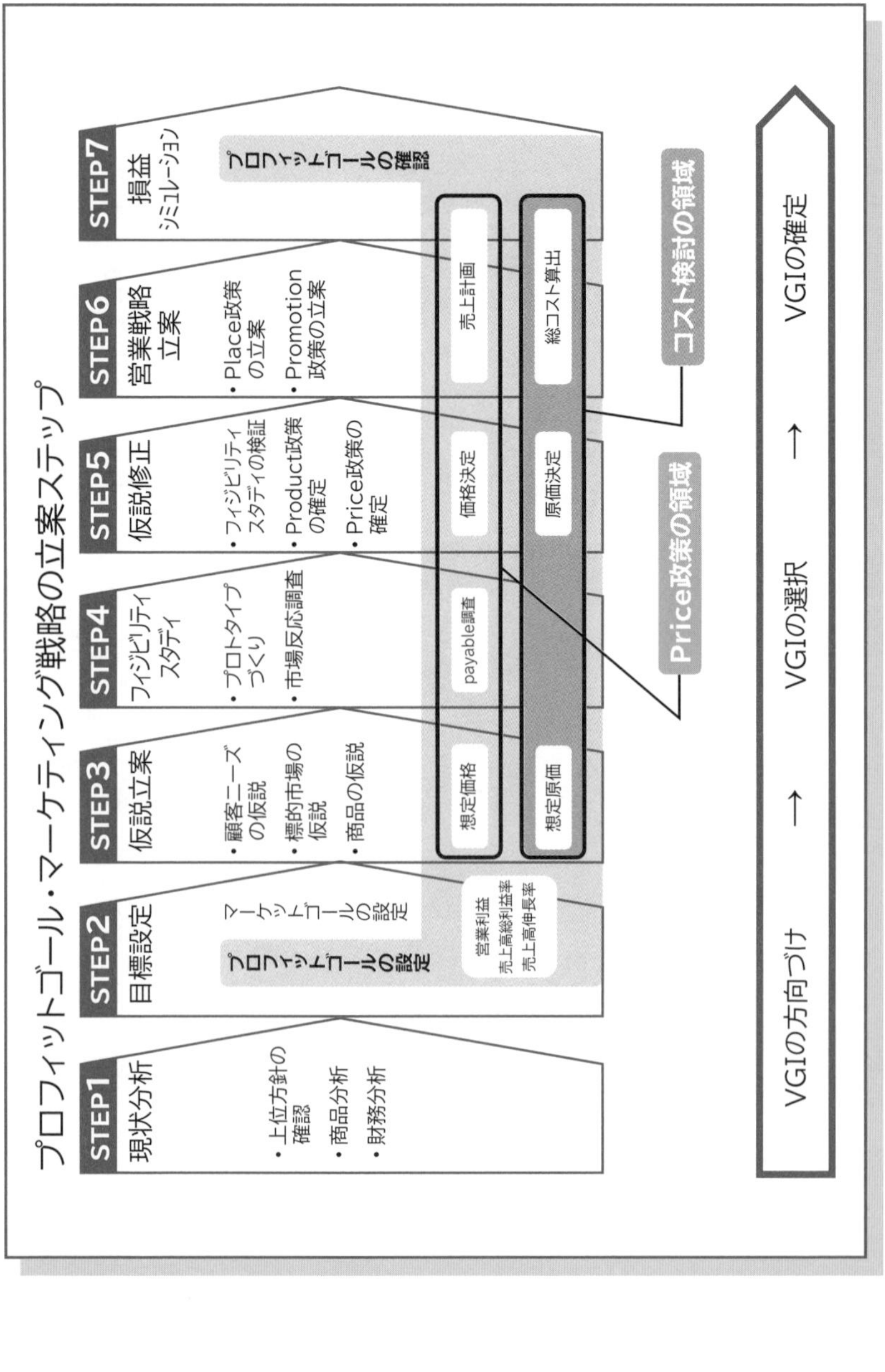
プロフィットゴール・マーケティング戦略の立案ステップ
STEP1 現状分析
・上位方針の確認
・商品分析
・財務分析
STEP2 目標設定
マーケットゴールの設定
プロフィットゴールの設定
営業利益
売上高総利益率
売上高伸長率
STEP3 仮説立案
・顧客ニーズの仮説
・標的市場の仮説
・商品の仮説
想定価格
想定原価
STEP4 フィジビリティスタディ
・プロトタイプづくり
・市場反応調査
payable調査
STEP5 仮説修正
・フィジビリティスタディの検証
・Product政策の確定
・Price政策の確定
価格決定
原価決定
STEP6 営業戦略立案
・Place政策の立案
・Promotion政策の立案
売上計画
総コスト算出
STEP7 損益シミュレーション
プロフィットゴールの確認
Price政策の領域
コスト検討の領域
VGIの方向づけ → VGIの選択 → VGIの確定

第3章

プロフィットゴールを設定する（STEP1〜STEP2）

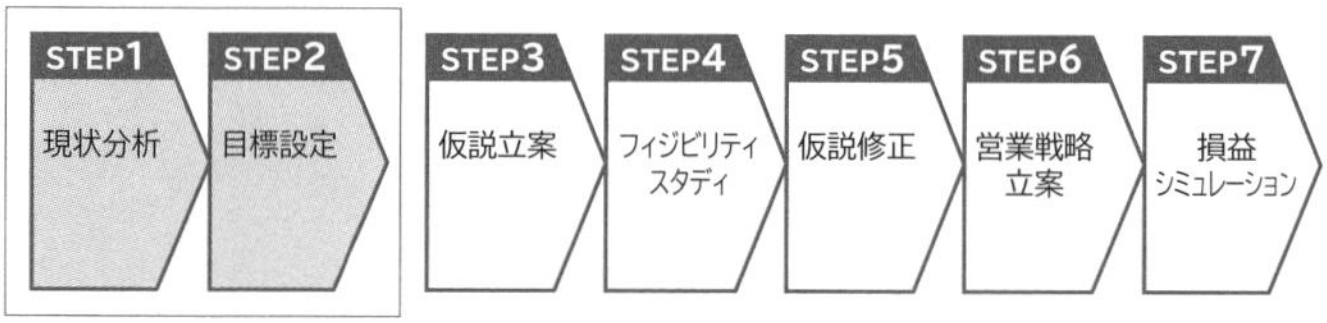

プロフィットゴールの設定の流れ

1. 目標設定の前に現状分析が必要

マーケティング戦略の立案では、プロフィットゴールを明確に設定します。利益をいつまでに、どのレベルまでにするのかを定量的に設定しなければなりません。そのためには、まず現状分析から始め、自社および市場環境を的確に把握した上でチャレンジングな目標が必要となります。

まずは自社が現状どのような状態であるかを客観的に把握できなければ、いくら高い目標を設定しても絵に描いた餅になりかねません。また、環境変化が激しく、顧客ニーズも多様化している現代では、市場での競争優位性を確保しながらマーケティング戦略を実行しなければ、利益確保はおろか、売上高確保も難しくなってきます。そのため、競合他社の商品分析や財務分析・顧客のニーズの変化などを多角的に分析してから、目標設定を行います（図表３－１）。

STEP1：現状分析のポイント

①上位方針の確認（社是・理念、経営層の方針、自部門の方針など）
②環境分析（フレームワーク分析）
③商品分析（４Ｐ比較表を活用した実態調査）
④財務分析（損益計算書をベースとした収益性分析および成長性分析）

STEP2：目標設定のポイント

①プロフィットゴールの設定（営業利益・売上高総利益率・売上高伸長率の設定）

②マーケットゴールの設定（市場シェア・業界内ランキング）

図表３－１　プロフィットゴール設定のポイント

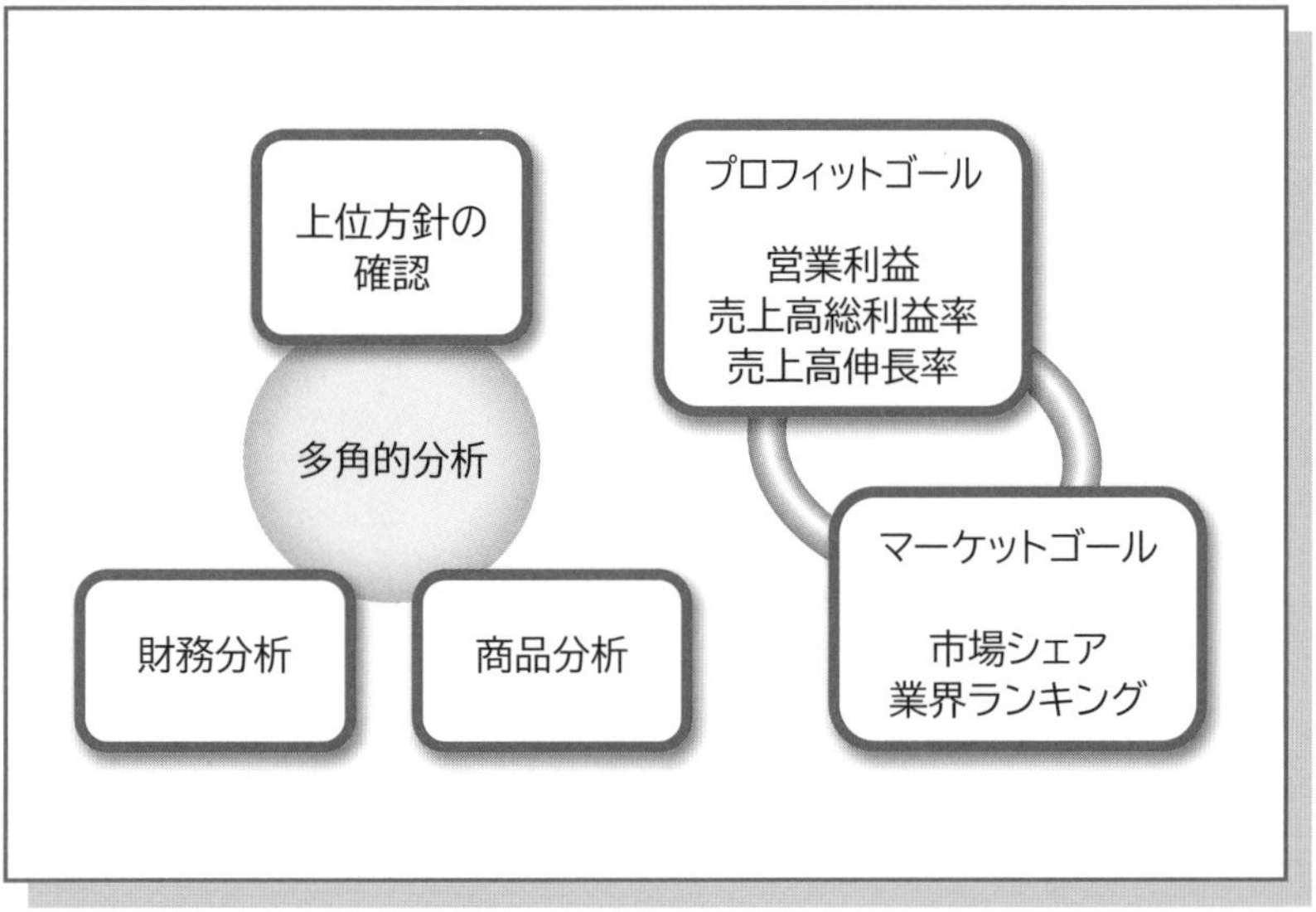

1. 上位方針の確認

現状分析の第一歩は、上位方針の確認です。なぜ、このマーケティングを立案する必要があるのか？どのような方向性で検討すればよいのか？中長期的な数値目標はあるのか？などを確認しておく必要があります。

特に自社の社是・経営理念を正しく理解しておくことは欠かせません。マーケティングには、理念的側面と理論的側面の2側面があります。理念的側面とは、創業者の思いや、社是、行動指針など、自社が事業を行う前提となっている考え方・心構えといった内容です。一方、理論的側面とは、フレームワーク分析や市場調査手法、効果的なプロモーション手法など、事業を展開する上で必要な理屈・方法論です。当然、競争優位性を高め事業展開を行う上では、理論的側面はとても重要な要素を占めますが、社是などの理念的側面を土台とした上で実施していく必要があります。決してマーケティングのテクニカルな部分のみを考えて、自社の存在意義にそぐわないプランとならないよう留意することが必要です。

そのためには、社史をあらためて理解するなど、これまでの事業の歴史を確認すると同時に、今後の方針についても正しく理解しておくことが重要です。

方針確認で欠かせないこと

①社是・行動指針……社史分析などで創業の歴史を確認し、理解を深める

②経営層の今後の方針……方針発表資料や講話にて経営層の考えを理解しておく

③事業部の今後の方針……自事業部のみならず他事業部など事業の方向性を理解しておく

図表３－２　上位方針の確認

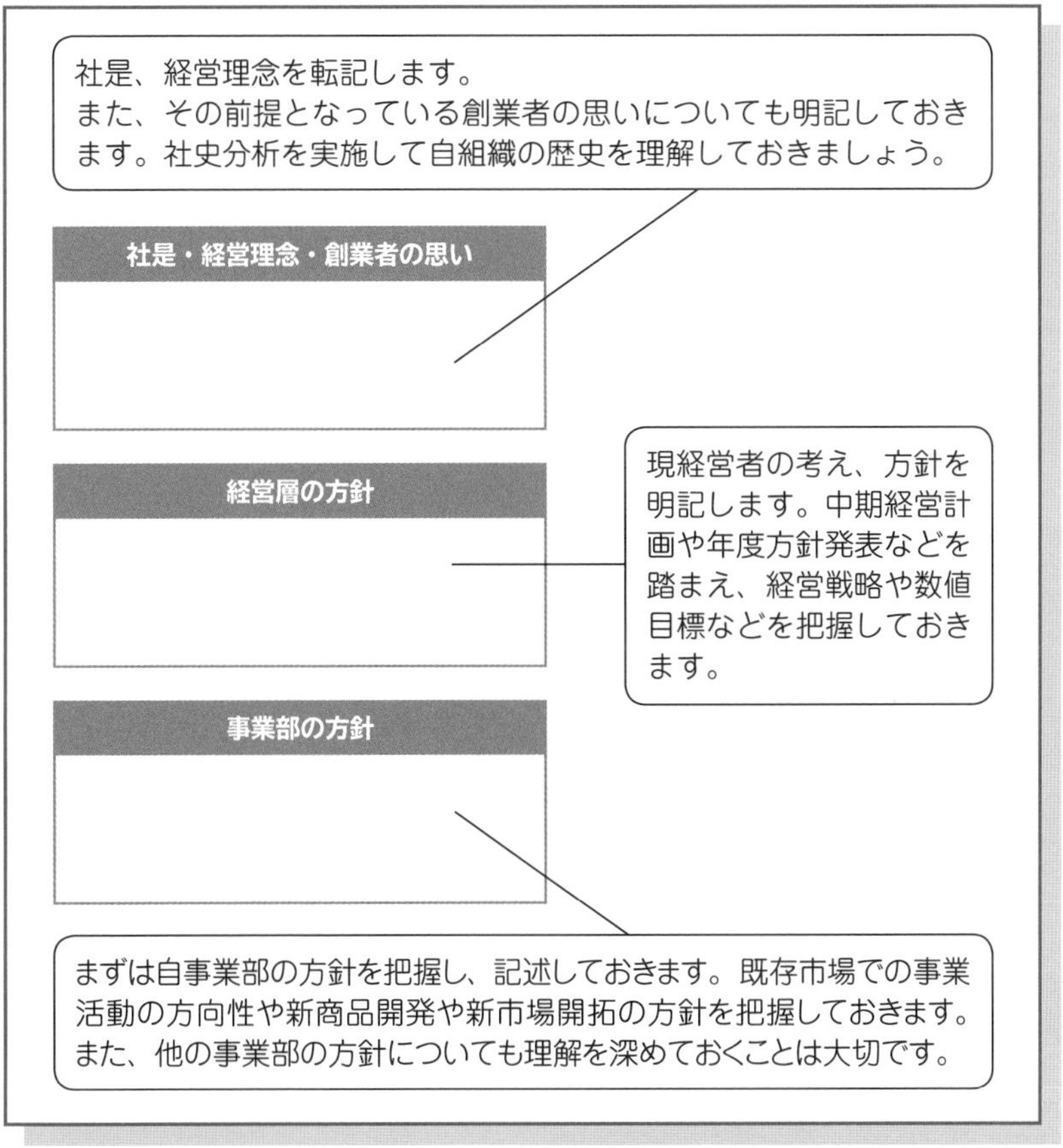
社是、経営理念を転記します。
また、その前提となっている創業者の思いについても明記しておきます。社史分析を実施して自組織の歴史を理解しておきましょう。
社是・経営理念・創業者の思い
経営層の方針
現経営者の考え、方針を明記します。中期経営計画や年度方針発表などを踏まえ、経営戦略や数値目標などを把握しておきます。
事業部の方針
まずは自事業部の方針を把握し、記述しておきます。既存市場での事業活動の方向性や新商品開発や新市場開拓の方針を把握しておきます。
また、他の事業部の方針についても理解を深めておくことは大切です。

2. 環境分析

自社の方針確認でマーケティングの方向性が把握できたならば、環境分析を行います。ここでのポイントは客観性と多角的視点です。そこで活用したいのが、マーケティングのフレームワークです。フレームワークの代表的なものとしては、3CやSWOT、PEST、5Forces、バリューチェーンなどがあります。これらは環境分析を効率よく進めるための枠組みです。環境分析の精度を高めるためには、分析目的にそったフレームワークを選択する必要があります。どのフレームワークを使うに当たっても欠かせないことは、大局的な観点で事業にかかわる情報を網羅的に得ることです。フレームワークの活用方法については、本書では詳述しませんが、多くの場合、幾つかのフレームワークを併用しながら分析をします。

3. 4P比較分析

プロフィットゴール・マーケティングの立案では、VGIを最大化させるために、Vup7のパターンを選択します。そのためにVGIの影響要素であるPrice（価格）に着目した分析が必要です。そこで、フレームワーク分析に加え、自社および他社の商品分析を行い、価格決定のもととなる商品の特徴・機能、販売チャネル、販売促進策などを比較していきます。つまり、各社のマーケティング・ミックス（4P）のメカニズムを具体的に分析していくことになります。これを、4P比較分析と呼びます。分析する上では、客観的かつ多角的視点を持って行うことが重要です。決して自社を過大・過少評価するのではなく、あくまでも顧客目線で分析することが大切です。そのために、分析者は、自分たちの価値観だけに頼らず、様々なステークホルダーの意見を取り入れながら常に客観的に分析することを忘れてはなりません。

図表３－３　４P比較分析表

<table>
<tr><th>分析項目</th><th>自社</th><th>A社</th><th>B社</th><th>C社</th></tr>
<tr><td>Product
（商品政策）</td><td colspan="4">・商品コンセプト
・メインターゲット
・ラインとアイテム
・差別化要素　など</td></tr>
<tr><td>Price
（価格政策）</td><td colspan="4">・売れ筋商品の価格
・最高・最低価格
・割引の有無　など</td></tr>
<tr><td>Place
（販売チャネル政策）</td><td colspan="4">・販売チャネル政策の特徴
・販売店舗数・立地
・ネット販売の有無　など</td></tr>
<tr><td>Promotion
（プロモーション政策）</td><td colspan="4">・プロモーション政策の特徴
・広告、人的販売、販売促進、SNSの有無　など</td></tr>
</table>

実際の商品分析を行うことで、現状の市場・顧客が求めているニーズを把握する。

■Product（商品政策）分析

Product分析の流れは左記のとおりです。

①調査対象商品の選出（複数商品、代替商品も選出）
②商品特徴の分析（ネーミング、コンセプト、特徴・機能など）
③商品ミックス分析（商品の幅・深さ）
④顧客ターゲットの把握（誰のどのようなニーズ）
⑤商品ポジショニングマップの作成

まず、各社の代表的な商品をピックアップし、商品コンセプトや特徴・機能を洗い出すことから始めます。その際、調査対象商品を複数取り上げることと、その商品に置き換わる代替商品も選出することが望ましいです。企業側からすると競合となり得ない商品でも、顧客からすれば代替可能なモノやコトが多く存在します。例えば、ふっくら焼きあがる高機能トースターの代替品として、水に浸した人工石を既存のトースター内に入れることでスチーム機能が働き、ふっくら焼き上げることも可能となります。この人工石を商品化したものがあれば、それは顧客にとって高機能トースターと比較購買する対象となります。

次に、調査対象商品のネーミング、コンセプトを書き出し、その商品の特徴を洗い出していきます。その際、他の商品と比較して、顧客の立場で客観的に把握することが大切です。

次に、各社の代表商品だけではなく、その商品カテゴリー全体の商品ミックスを分析します。商品ミックスとは、商品の幅と深さのことです。商品の幅（ライン）とは、商品のグルーピングのことを指し、男性用シャツの場合、ビジネスシャツ・カジュアルシャツであれば2ライン、商品の深さ（アイテム）とは、シャツのカラーやサイズの数を指し、ホワイト・ブルー・ベージュであれば、カラーは3アイテムになります。商品構成を分析することで、各社がターゲットとしたい顧客を浮き彫りにすることができます。

商品ミックスの分析ができたら、その商品が狙っているターゲット顧客を把握します。Product分析では、特徴・機能の違いは把握しやすいのですが、「誰のどのようなニーズ」を満たそうとしているかを明確にすることは意外と難しいかもしれません。しかし、このターゲットを明確化することは、マーケティングプラン立案上、重要なポイントとなります。なぜならば、商品は顧客ニーズを満たすために、様々な仕様が付加され、それを価格という定量的な価値に置き換えて市場に投入されているからです。つまり、誰のどのようなニーズを満たそうとしているかを把握することこそ、Product分析の要といってよいでしょう。

そして、Product分析の最後に、ターゲット顧客と商品の特徴・機能の関係をマトリクスで整理し、商品ポジショニングマップを作成します。これにより市場における各商品の違いが浮き彫りとなってきます。

図表3－4 Product分析

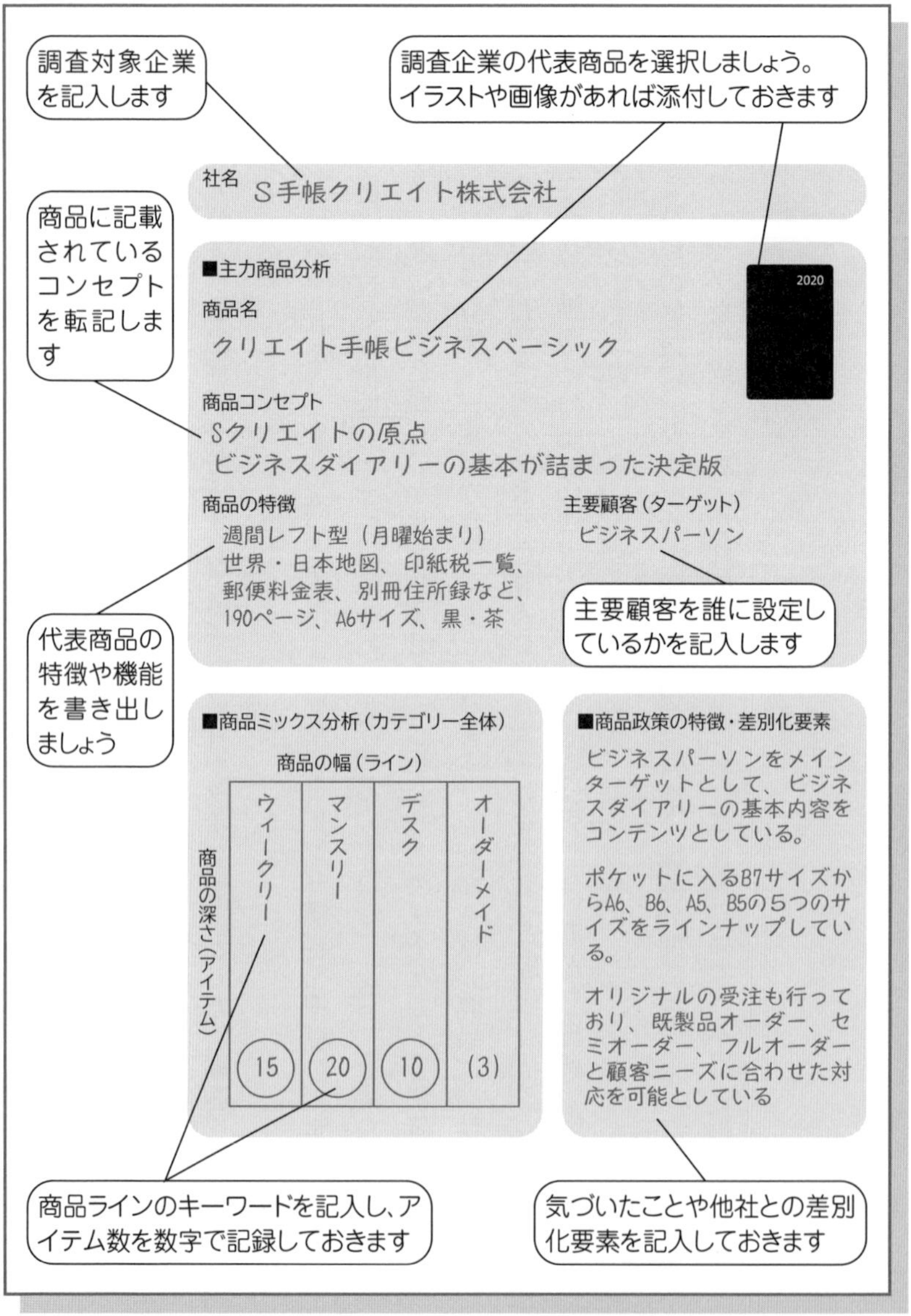
調査対象企業を記入します
調査企業の代表商品を選択しましょう。イラストや画像があれば添付しておきます
社名 S手帳クリエイト株式会社
商品に記載されているコンセプトを転記します
■主力商品分析
2020
商品名
クリエイト手帳ビジネスベーシック
商品コンセプト
Sクリエイトの原点
ビジネスダイアリーの基本が詰まった決定版
商品の特徴
週間レフト型（月曜始まり）
世界・日本地図、印紙税一覧、
郵便料金表、別冊住所録など、
190ページ、A6サイズ、黒・茶
主要顧客（ターゲット）
ビジネスパーソン
主要顧客を誰に設定しているかを記入します
代表商品の特徴や機能を書き出しましょう
■商品ミックス分析（カテゴリー全体）
商品の幅（ライン）
商品の深さ（アイテム）
ウィークリー 15
マンスリー 20
デスク 10
オーダーメイド (3)
■商品政策の特徴・差別化要素
ビジネスパーソンをメインターゲットとして、ビジネスダイアリーの基本内容をコンテンツとしている。
ポケットに入るB7サイズからA6、B6、A5、B5の5つのサイズをラインナップしている。
オリジナルの受注も行っており、既製品オーダー、セミオーダー、フルオーダーと顧客ニーズに合わせた対応を可能としている
商品ラインのキーワードを記入し、アイテム数を数字で記録しておきます
気づいたことや他社との差別化要素を記入しておきます

図表３－５　**商品ポジショニングマップ**

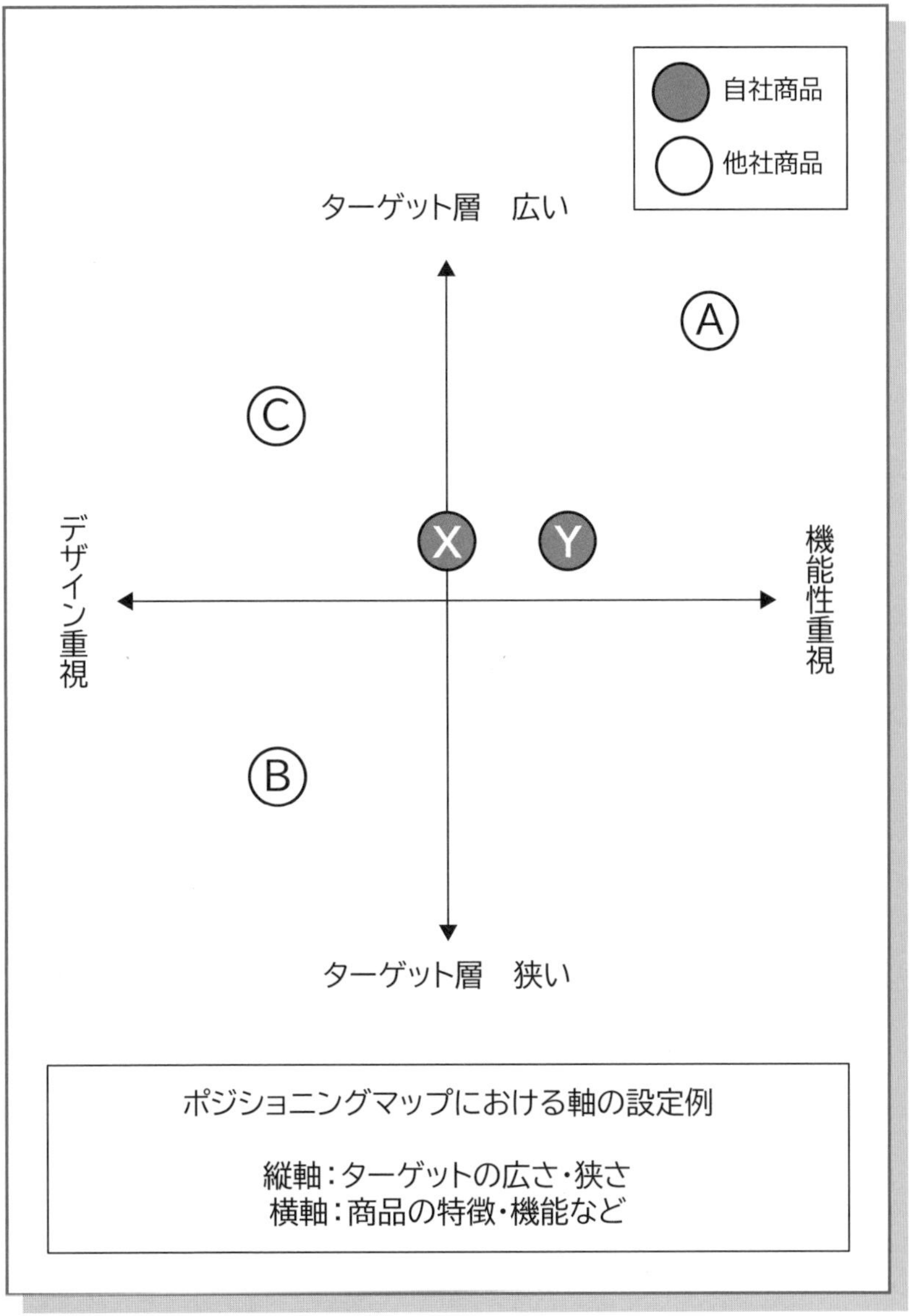

■ Price（価格政策）分析

続いて商品の価格分析です。主力商品の価格を把握していきますが、留意しなければならない点は、場所と時間によって、価格は異なるという点です。一物二価という言葉があるように、１つの商品でも価格が複数存在する場合があります。例えば、５００mlの清涼飲料水でも、自動販売機とスーパーマーケットでの販売価格は異なりますし、自動販売機でも場所によっては価格が異なるケースがあります。そこで、価格分析では、すべての価格を調査し、価格分布を把握する必要があります。その上で、最も多く販売されている価格帯（プライスポイント）を把握します。

また、無料で利用できるサービスなども自社の競合商品となっている可能性もあります。そのため、無料で提供されている商品を探索することも重要です。

価格は、ＶＧＩを最大化させる上で、とても重要な要素となります。そのため、できる限り網羅的に調査を実施し、自社が検討している商品カテゴリーだけではなく、似たような商品や代替商品についても調査を広げることが大切です。

図表３－６ Price分析

主力商品の最高価格と最低価格を調査し、記入します。
また、最も多く販売されている価格をプライスポイントとして記入しておきます。

カテゴリー全体の商品価格を調査し最高価格と最低価格を調査し、記入します。
また、最も多く販売されている価格をプライスポイントとして記入しておきます。

社名　S手帳クリエイト株式会社

＜主力商品の価格＞

■プライスゾーンとプライスポイント

最高価格
1,265円

プライスポイント（売れ筋）
1,265円

最低価格
1,100円

＜カテゴリー全体の価格＞

最高価格
5,280円

プライスポイント（売れ筋）
1,100円

最低価格
無料

■価格政策の特徴

1,000円以下から2,000円代を基本の価格帯としている。

一方、最高価格は、黒革手帳5,280円。エグゼクティブなビジネスパーソンをターゲットとして高級感ある商品を取り揃えている。

価格政策で気になる点や他社との違いについてメモを記入します

■ Place（販売チャネル政策）分析

商品と価格の現状が把握できたら、次は営業戦略の分析を行います。まずは、販売チャネル分析です。販売チャネル分析とは、各社がどのような販売チャネル政策を取っているのか、販売チャネル政策の特徴は何かを把握することです。消費財の販売チャネルの基本形態は、大きく分けて3つあります。

1つが開放的チャネル政策で、自社商品の取引先を絞ることなく、すべての卸売業者や小売・サービス業へ商品を提供し、市場へ開放的に流通させる政策です。この場合、流通段階で価格変動が起きることが多く、価格ゾーン（最高価格と最低価格の幅）が広くなる特徴があります。

2つ目は、選択的チャネル政策で、複数の特定取引先に絞って商品を流通させる政策です。その取引先にとっては、優先的に商品を供給してもらえるため、他の流通業者よりも優位に立つことができます。商品供給側にとっては、できる限り値崩れを防ぐことができる取引先を選択することで、価格を維持しVGIの低下を防ぐことが可能です。

最後は、排他的チャネル政策で、各エリアで1社といった特定の販売チャネルでしか販売しない方策です。自動車メーカーなどは販売店を系列化する排他的チャネル政策が一般的です。これは価格維持はもちろんのこと、専売化することで顧客により深い商品知識やきめ細かな情報を提供することができ、商品ブランドを維持・向上させやすいといってよいでしょう。

以上の3つの販売チャネル政策を分析するとともに、通信販売やインターネット販売などの無店舗型の販売チャネルについても調査します。特にこれらの販売方法では、大幅な値引きや抱き合わせ販売など Product・Price を変更しているケースが多く、また配送料や支払手数料などのコストが発生することもあります。

図表３－７ **Place 分析**

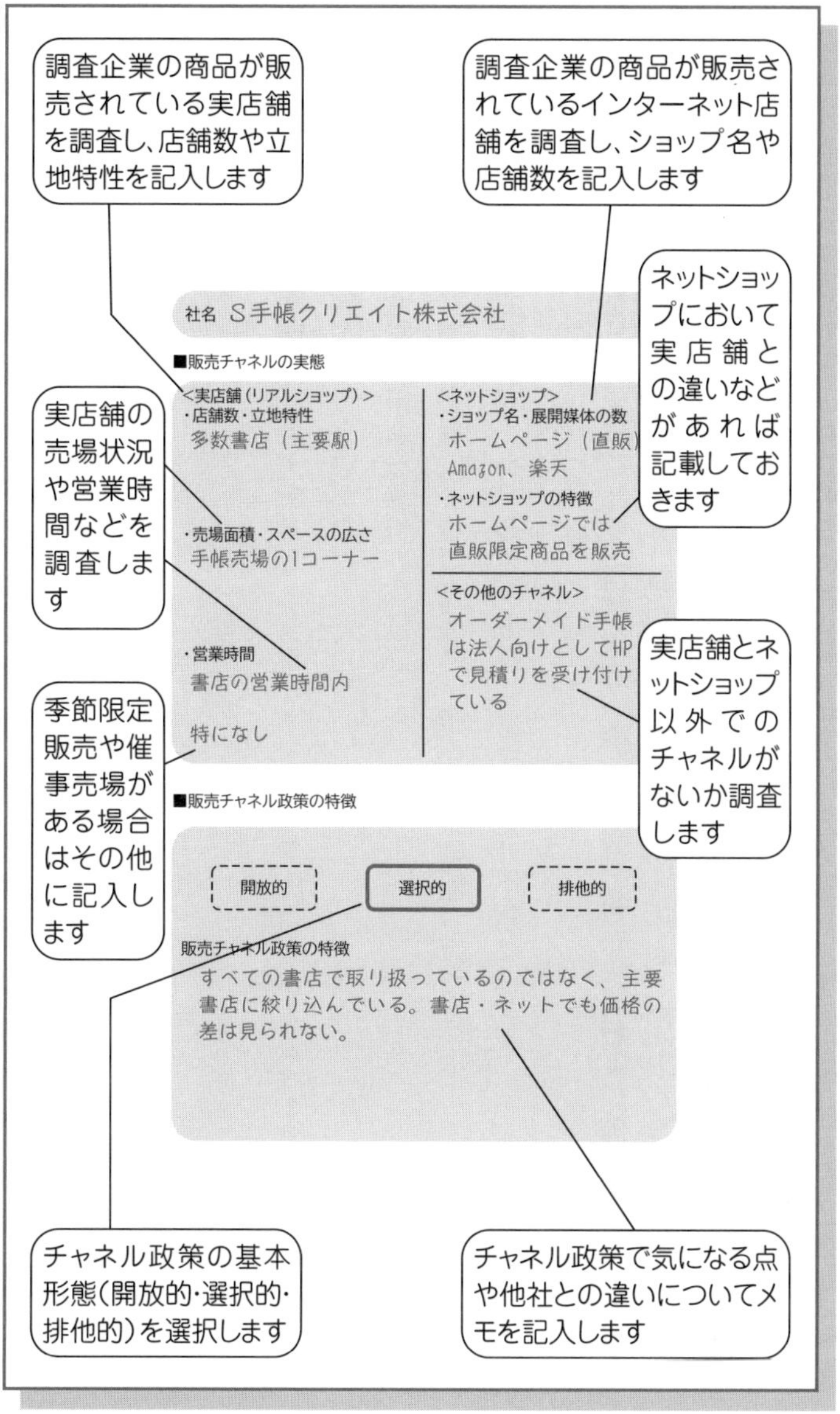
調査企業の商品が販売されている実店舗を調査し、店舗数や立地特性を記入します
調査企業の商品が販売されているインターネット店舗を調査し、ショップ名や店舗数を記入します
ネットショップにおいて実店舗との違いなどがあれば記載しておきます
社名 S手帳クリエイト株式会社
■販売チャネルの実態
<実店舗（リアルショップ）>
・店舗数・立地特性
多数書店（主要駅）
・売場面積・スペースの広さ
手帳売場の1コーナー
・営業時間
書店の営業時間内
特になし
<ネットショップ>
・ショップ名・展開媒体の数
ホームページ（直販）
Amazon、楽天
・ネットショップの特徴
ホームページでは
直販限定商品を販売
<その他のチャネル>
オーダーメイド手帳は法人向けとしてHPで見積りを受け付けている
実店舗の売場状況や営業時間などを調査します
季節限定販売や催事売場がある場合はその他に記入します
実店舗とネットショップ以外でのチャネルがないか調査します
■販売チャネル政策の特徴
開放的
選択的
排他的
販売チャネル政策の特徴
すべての書店で取り扱っているのではなく、主要書店に絞り込んでいる。書店・ネットでも価格の差は見られない。
チャネル政策の基本形態（開放的・選択的・排他的）を選択します
チャネル政策で気になる点や他社との違いについてメモを記入します

■Promotion（プロモーション政策）分析

営業戦略分析のもう1つは、プロモーション政策です。顧客に対してどのようなプロモーションを行っているかを幅広く調査します。マーケティングにおけるプロモーション政策は、次の5つに分けることができます。

①広告：マス4媒体（新聞・雑誌・テレビ・ラジオ）・ネット広告・ホームページなど
②販売促進：サンプル配布やカタログなど
③パブリシティ：マス4媒体による無料の広告
④人的販売：販売員・営業担当者による販売活動・販売員の動機づけなど
⑤口コミ：顧客同士の会話・ソーシャルネットワークキングサービスなど

各社のプロモーションを分析することで、当該企業の標的市場や商品政策および価格政策・販売チャネル政策などの特徴が見えてきます。さらに他社との差別化要素を明確にするため、幅広くプロモーション調査を行うことが望まれます。

また、プロモーション政策は、別名プロモーション・ミックスとも呼ばれ、各プロモーションが相互補完関係になることで、相乗効果が期待できます。自社のプロモーションを検討する上でも、競合他社のみならず、異業種・異業界のプロモーション政策も研究し、参考としましょう。

図表３－８　Promotion 分析

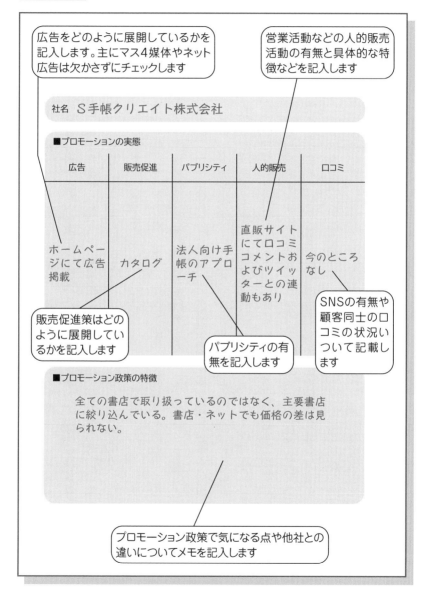

広告をどのように展開しているかを記入します。主にマス4媒体やネット広告は欠かさずにチェックします

営業活動などの人的販売活動の有無と具体的な特徴などを記入します

社名　S手帳クリエイト株式会社

■プロモーションの実態

広告	販売促進	パブリシティ	人的販売	口コミ
ホームページにて広告掲載	カタログ	法人向け手帳のアプローチ	直販サイトにて口コミコメントおよびツイッターとの連動もあり	今のところなし

販売促進策はどのように展開しているかを記入します

パブリシティの有無を記入します

SNSの有無や顧客同士の口コミの状況いついて記載します

■プロモーション政策の特徴

全ての書店で取り扱っているのではなく、主要書店に絞り込んでいる。書店・ネットでも価格の差は見られない。

プロモーション政策で気になる点や他社との違いについてメモを記入します

■財務分析とは

財務分析とは、過去の経営状況を把握するためには必須の手法になります。一般的には「成長性分析」「収益性分析」「安全性分析」「効率性分析」等の方法がありますが、役職や職種または目的により必要となる分析手法は異なります。例えば、営業担当者であれば、取引先の与信管理を行う必要があるので「安全性分析」が重要です。また本書では、商品を成功に導くことが求められますので、「成長性分析」「収益性分析」が重要になります。

「成長性分析」では売上高伸長率を分析します。伸長率が高いと成長期にあることがわかりますが、伸長率が横ばいの場合は、成熟期の状態にあることがわかります。さらにマイナスの状態であれば衰退期ということになります。「収益性分析」では、売上高総利益率や営業利益率を分析します。売上高総利益率は、商品のブランド力を把握することができます。これが高ければ希少性がある商品を販売、提供している可能性が高いと考えることができ、低ければコモディティ化が進み、価格競争が厳しい状況であるといったようなことがわかります。営業利益は、売上総利益から営業活動や一般管理に関わる費用を差し引いた利益です。この営業利益が売上高に占める率が営業利益率であり、企業の事業力を把握する指標となります。売上高総利益率が高くても営業活動で費用をかけすぎていると営業利益は低くなります。逆に売上高総利益率が低くても販売効率がよいと営業利益が高くなる場合があります。売上高総利益率と営業利益率は、片方だけを見るのではなく2つの指標を見比べて収益性の現状をつかむ必要があります。

では、財務分析は自社だけでよいのでしょうか。売上高伸長率は、競合企業と比較を行うことで、業界全体の特徴、自社のポジションがより明確にわかります。同様に売上高総利益率や営業利益率に関しても競合企業と比較することでブランドの強弱や効率的な経営をしているかどうかがわかります。

競合企業の決算書に関しては上場企業の場合、ホームページのIR情報サイトやEDINET（http://disclosure.edinet-fsa.go.jp/）から決算書を入手することができます。何社決算書を入手すればよいのかという疑問があるかと思いますが、入手できるすべての企業ということになります。そうすることで、業界特性が把握できます。競合が非常に多いということであれば上位3社と自社と同等のシェアを持つ2～3社が妥当です。もちろん自社が上位3社に入っている場合は上位3社だけで十分です。

それぞれの企業の財務分析が終わったら、自社を含めた平均値や中央値を算出し、平均値と自社との違いから読み取れることを整理します。さらに業界は違っても誰もが認める優良企業（トヨタ、サントリーなど）の分析も行い、なぜこのような収益性になっているのかを分析することは、ベンチマークを設定する上でも有効です。

財務分析を通じて自社、業界特性、優良企業の状況を情報としてインプットすることで、自社の可能性を最大限追求した利益設定の妥当性を担保することができます。

図表３－９

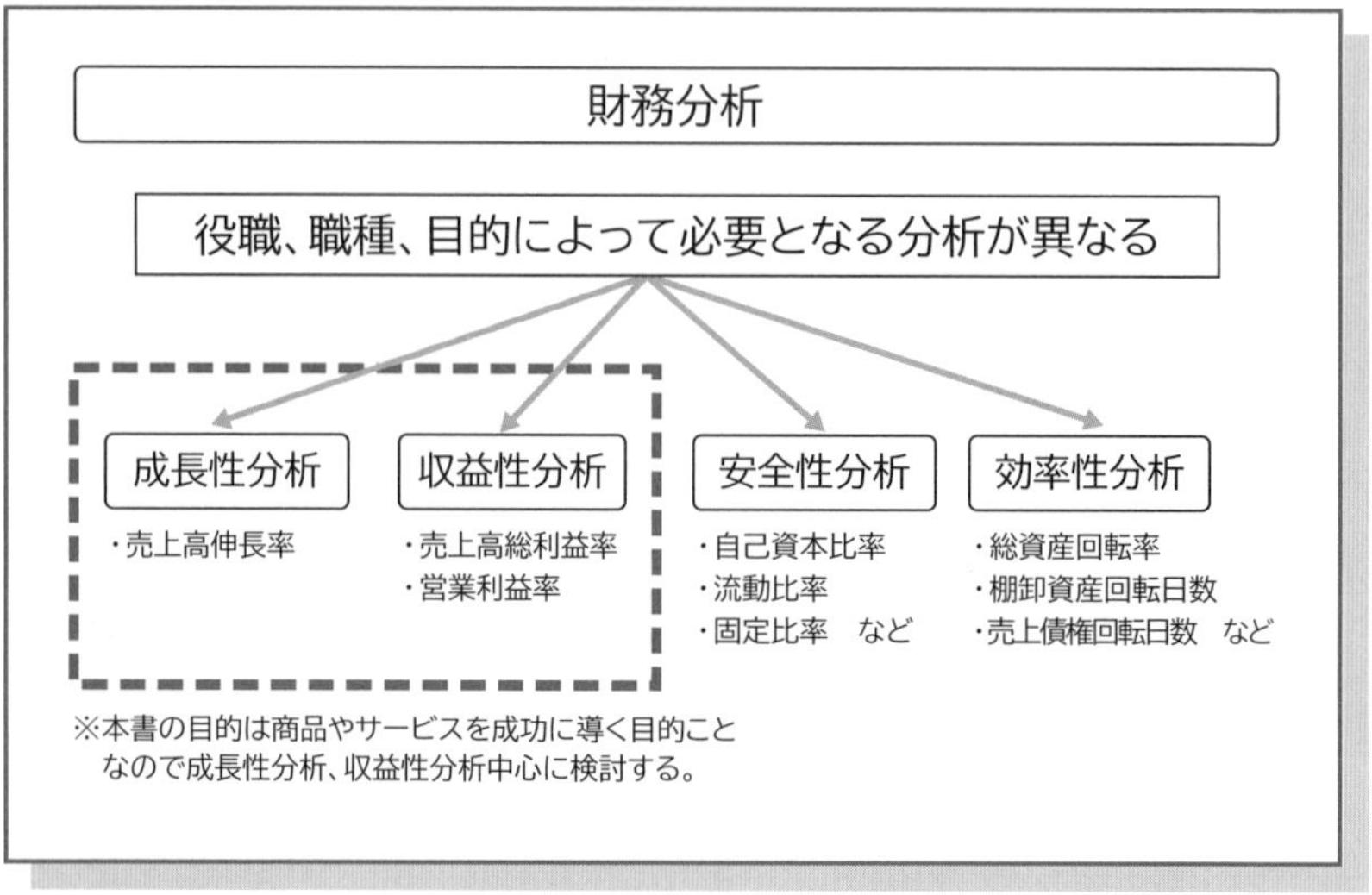

図表３－10

■成長性分析

＜売上高伸長率＞

売上高伸長率は、当期の売上高から前期の売上高を差し引き、それを前期の売上高で割って求める。前期からどの程度売上高が増減したのかが把握できる。

$$売上高伸長率 = \frac{当期売上高 - 前期売上高}{前期売上高} \times 100$$

参考：売上高伸長率（平均値）

全業種	製造業	卸売業	小売業	情報通信業	飲食サービス業
7.4%	6.6%	9.2%	4.2%	7.6%	2.6%

出典：平成30年企業活動基本調査速報－平成29年度実績－（経済産業省）

図表３－11

■収益性分析

<売上高総利益率>

売上高総利益率とは、取り扱っている商品・サービスがどれだけの価値を生んだかを表すブランド力を示す指標。

$$売上高総利益率 = \frac{売上総利益}{売上高} \times 100$$

参考：売上高総利益率（平均値）

製造業	卸売業	小売業	サービス業
25.9%	21.6%	39.3%	52.0%

出典：帝国データバンク『全国企業財務諸表分析統計 第61版／平成29年4月～平成30年3月』

<売上高営業利益率>

売上高営業利益率とは営業効率や経営管理力を把握できる指標。企業が持つ本来の実力を把握できる指標ともいえる。

$$売上高営業利益率 = \frac{営業利益}{売上高} \times 100$$

参考：売上高営業利益率（平均値）

製造業	卸売業	小売業	サービス業
4.8	2.5	2.5	4.9

出典：帝国データバンク『全国企業財務諸表分析統計 第61版／平成29年4月～平成30年3月』

■財務分析の焦点

まず、売上高伸長率、売上高総利益率、営業利益率、を直近3年間分計算しそれぞれの平均値も求めます。

結果についてまず売上高伸長率から見ていきます。オリンピック・パラリンピックなどのイベントで発生する特需や競合の戦略の影響によっても大きく変化しますが、売上高伸長率に関しては平均値で年3％~5％伸びている状況であれば、成長期の段階にあり、0％~2％であれば成熟期、マイナスの状況であれば衰退期であると考えることができます。

売上高総利益率に関しては業界特性が顕著に現れ、業界内の戦略やビジネスモデルの違いも影響してきます。そのため業界平均値よりも自社値が上回っている場合は、高い顧客価値を提供できていると考えることができます。下回っている場合は、値引きなどにより適正な顧客価値を提供できていないと考えることができます。

営業利益率は、企業の事業力を表すもので、業界を問わず平均値で5％超であれば優良企業、1％超~5％以下で普通企業、1％以下であれば改善必要企業になります。営業利益率を高めるためには、高価格で売上総利益を確保する方法と、低価格で販売数量を伸ばし売上総利益を確保する2つの方法があります。一般的に前者を利幅商売、後者を薄利多売といいます。

自社や競合企業の成長性分析・収益性分析から問題を整理し、プロフィットゴール・マーケティングを達成するための重点課題を設定します。

図表3－12　売上高分析

■売上高伸長率分析

	年度	年度	年度
売上高伸長率			

↓

自社平均値

↓

成長期	安定期	衰退期
3%～5%	0%～2%	マイナス

■売上高総利益率分析

	年度	年度	年度	自社平均値	業界内平均値
売上高総利益率					

※業界内平均値は、自社平均値と競合企業平均値との平均値になります。

↓

自社平均値＞業界内平均値→付加価値○
自社平均値＜業界内平均値→付加価値×

■売上高営業利益率分析

	年度	年度	年度
売上高営業利益率			

↓

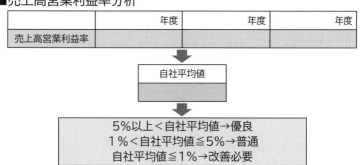

自社平均値

↓

5%以上＜自社平均値→優良
1％＜自社平均値≦5%→普通
自社平均値≦1%→改善必要

図表3－13　自社、他社比較

参考（百貨店業界）

	自社	競合3社			競合3社平均
		㈱三越伊勢丹ホールディングス	エイチ・ツー・オーリテイリング㈱	㈱高島屋	
売上高伸長率	1.2%	▲4.7%	0.5%	0.5%	▲1.2%
売上高総利益率	32.0%	29.1%	28.7%	31.0%	29.6%
売上高営業利益率	1.9%	2.4%	2.2%	2.9%	2.5%

※競合3社は2018年度の各社有価証券報告書から筆者計算。自社は架空の会社の数字を入れている。

⬇

自社の特徴把握

①インバウンド需要を取り込み競合3社に比べて売上高伸長率が高い

②高額品を中心に販売していることで売上高総利益率が高い

③広告費等の販売活動費用をかけているので営業利益率は低い

④・・・・・

⑤・・・・・

STEP2：目標設定

1.プロフィットゴールの設定

現状分析を踏まえて、いよいよプロフィットゴールを設定します。マーケティング戦略の立案・実行における最終到達目標となりますので、明確な意思を持って設定することが必要です。STEP1の財務分析を踏まえ、いつまでにどのレベルをゴールとするのかを設定します。

まずは、収益性の目標である営業利益と、その前提となる売上総利益の設定です。

①目標営業利益の設定　KGI（重要目標達成指標）。○年後に○○円と金額ベースで示す。自社の状況、競合ならびに優良企業の指標を参考として設定する。

②目標売上高総利益率の設定　価格と商品原価の関係性を示す指標となるため、KGIに次ぐ重要指標である。Vup7のパターンからVGIの方向づけをして設定する。

③目標売上高の設定　利益目標を踏まえた数値目標となる。○年後に○○円と金額ベースで示す。

市場シェア・ランキングなどマーケットゴールと整合性を保ち設定する。

④目標売上高伸長率の設定　自社の成長性を示す指標。○年間で平均○％と成長率で示す。目標売上高同様にマーケットゴールを踏まえ、高成長を目指すべき。

以上の４項目の設定を行いますが、中期経営計画との整合性を保つために単年度ではなく、複数年度で目標設定しなければなりません。自社の上位方針と経営実態を踏まえ、未来のゴールを描くことが大切です。マーケティングは、市場を創造することですから、既存市場のサイズだけで考えるのではなく、新市場を切り開き、市場・顧客への貢献を果たしながら、高い数値目標をクリアしようという強い意志を持つことが重要です。

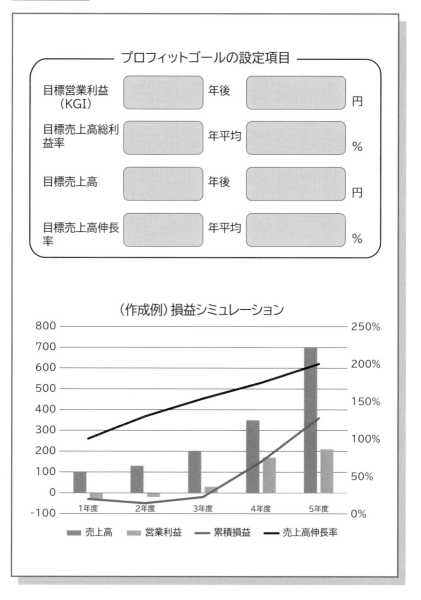

図表３－14　プロフィットゴールの設定

プロフィットゴールの設定項目

目標営業利益（KGI）		年後		円
目標売上高総利益率		年平均		%
目標売上高		年後		円
目標売上高伸長率		年平均		%

（作成例）損益シミュレーション

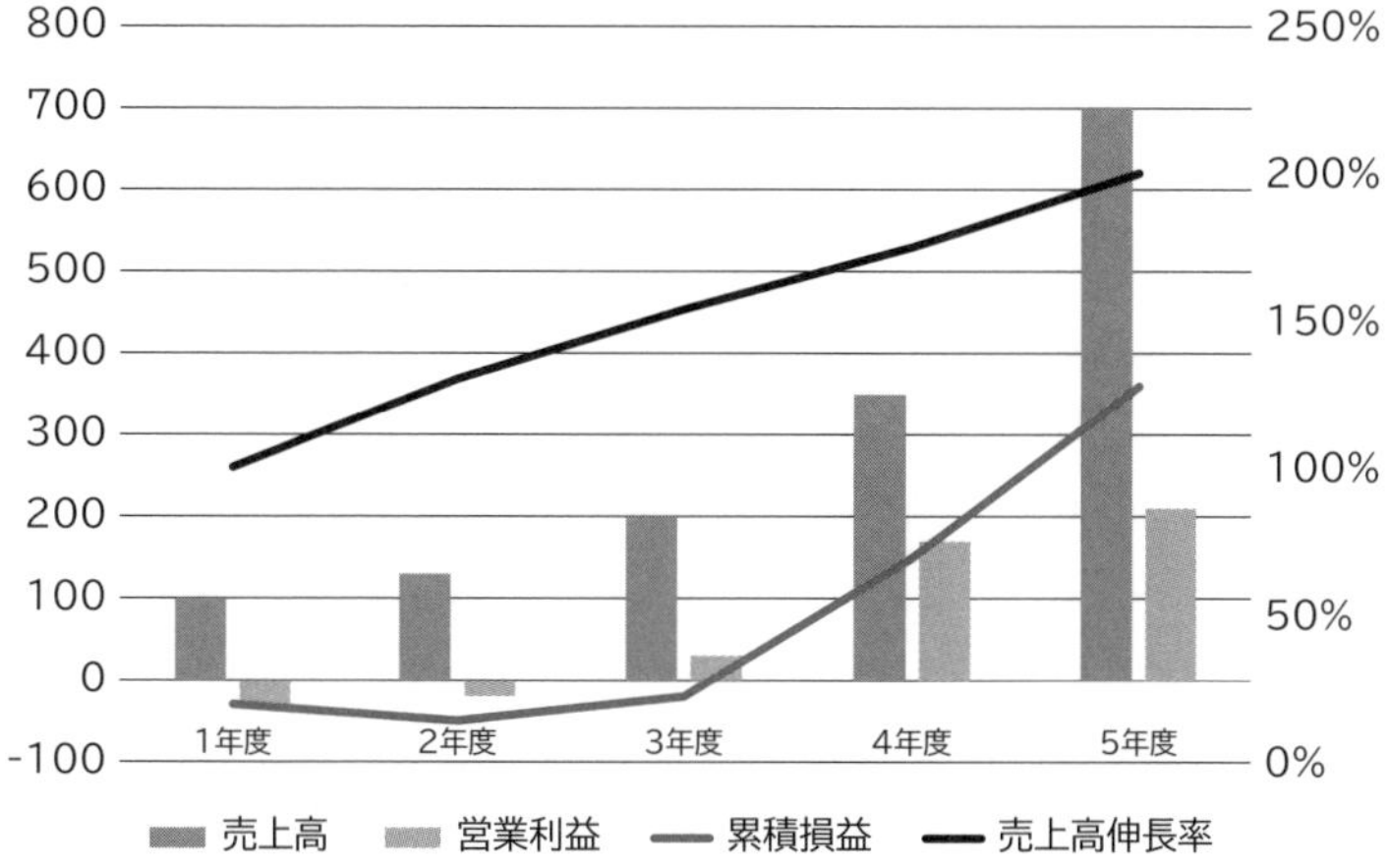

2. マーケットゴールの設定

プロフィットゴールを踏まえ、マーケットゴールを設定します。マーケットゴールは、市場における自社の地位を定める指標であり、売上高が大きく関係してきます。市場における自社の地位が高ければ、多くの恩恵を受けることができますが、あくまでもプロフィットゴール（利益目標）が最大のゴールであるため、売上高至上主義に陥らないように留意が必要です。

そこで、マーケットゴールの設定では、競争戦略という考え方を取り入れることが有効です。競争戦略とは、市場の競争原理を施策化したもので、ここでは、フィリップ・コトラーが提唱した市場地位による戦略類型を活用します。

これは、市場シェアにより市場地位を定め、地位ごとに打つべき手が異なるという考え方です。市場地位にはリーダー、チャンレジャー、フォロワー、ニッチャーの4類型があるとし、それぞれの地位ごとに取るべき戦略が異なります。

- **リーダー**：市場シェアが最も高い企業
- **チャレンジャー**：リーダーに次ぐシェアを占めており、リーダーを追随する企業
- **フォロワー**：リーダー・チャレンジャーよりもシェアが低く、力をためていずれチャレンジャーを目指す企業
- **ニッチャー**：ニッチ（すき間）市場におけるリーダー企業

自社の市場地位を確認し、自社が狙うべき地位を定め、マーケティング戦略を立案することが重要

となります。

図表３－15　マーケットゴールの設定

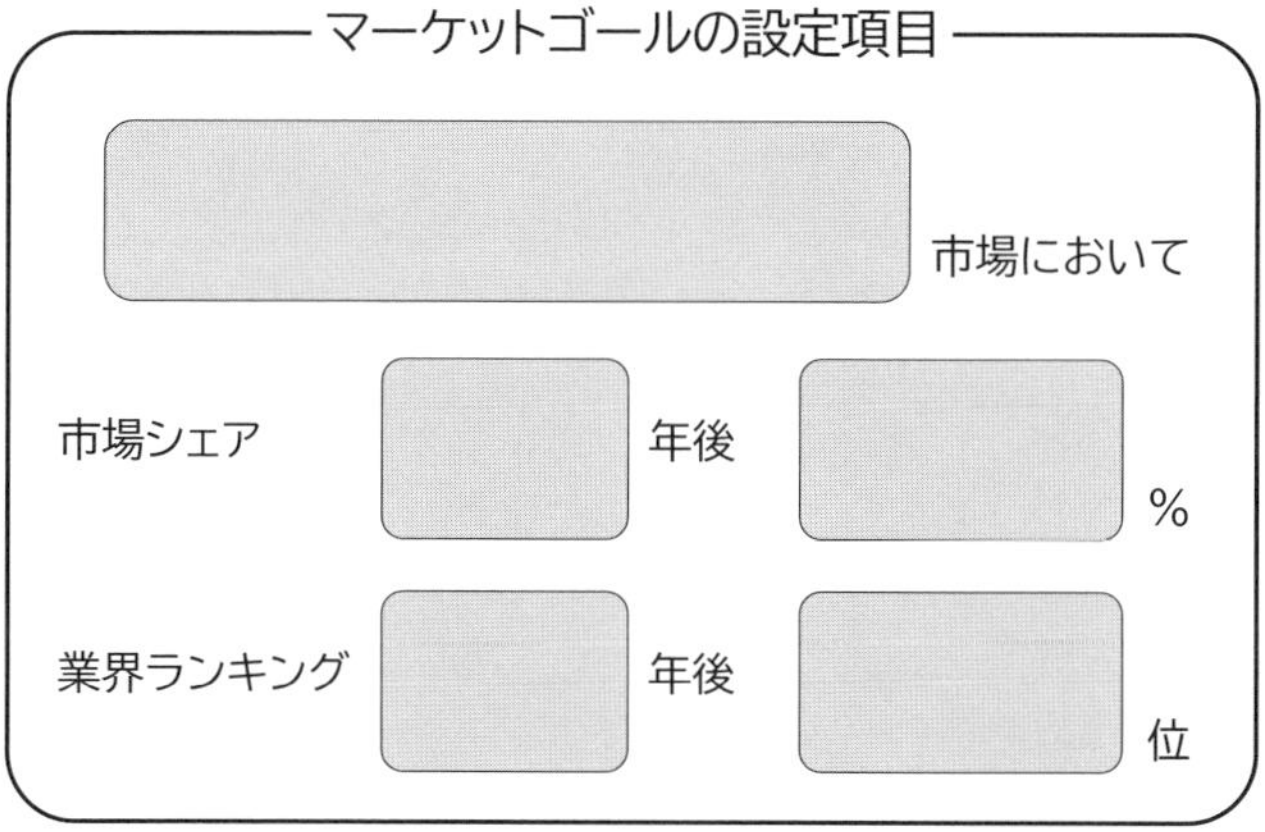

（参考）競争上の地位と対応する戦略

	特徴	主なマーケティング行動	取るべき戦略方針
リーダー	最大市場シェア	他社をリードする	市場全体の規模拡大
チャレンジャー	市場シェア第２位または第３位	積極果敢にリーダーに挑む	相手の弱点への攻撃
フォロワー	わずかな市場シェア	リーダーに追随する	模倣によるコスト節約
ニッチャー	サブ市場のリーダー	大手企業との競争を回避する	ニーズへの最大適応

出典：恩蔵直人『マーケティング〈第２版〉』日本経済新聞（2019）、96 ページ

第4章

マーケティング仮説を立てる（STEP3）

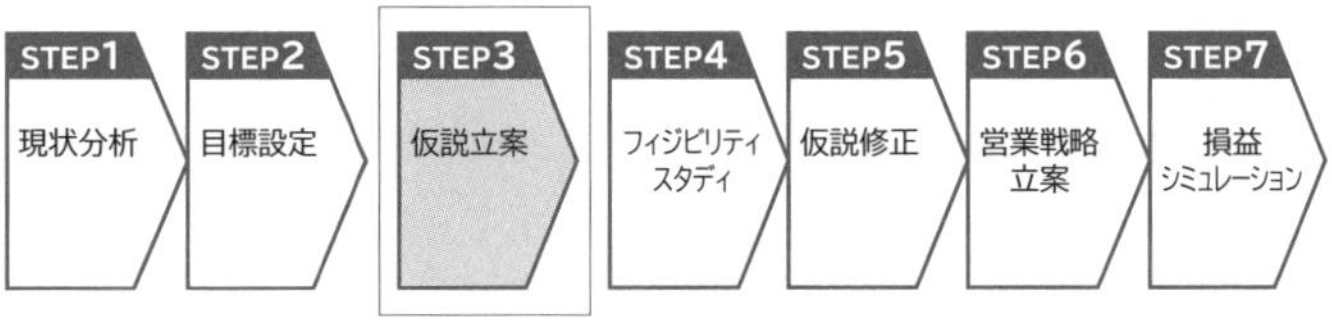

STEP3：仮説立案

いよいよ、プロフィットゴールを達成するためのマーケティング戦略を立案していきます。まずは、仮説づくりです。仮説とは、仮の説であり実行計画ではありません。仮説をもとに、プロトタイプを作成し、実際に市場の反応を確認します。このプロトタイプ（試作品）をつくり、想定価格を設定するプロセスが仮説立案です。

今後、マーケティング戦略を策定する上で、この仮説は常に中軸として機能していきますので、入念に検討する必要があります。

仮説立案は、図表４－１の４つのスモールステップで構成されますが、４Ｐ比較分析を踏まえて顧客ニーズの仮説づくり（STEP３－１）から始めます。そして、仮説立案で最も重要なプロセスが標的市場の設定（STEP３－２）です。標的市場の設定とは、誰のどのようなニーズに対してマーケティングを展開していくのかを設定するプロセスです。このプロセスが定まらないと商品が抽象的で、価格も曖昧になり、価値のある商品を立案することが難しくなります。結果として売上高・利益のゴールが未達成に終わります。そのため、できる限り具体的に標的市場を設定する必要があります。そこに、立案者の「思い」を入れてください。思いが弱いマーケティングプランは、プロフィットを創出できません。標的市場が明確になった段階で、商品の仮説づくり（STEP３－３）に移ります。ここで商品コンセプトおよび商品仕様を具体化していきます。そして仮説立案の最後は、想定価格の設定（STEP３－４）で、価格ゾーンと目標原価を設定し、売上高総利益率を算出します。

図表４－１　仮説立案のフロー

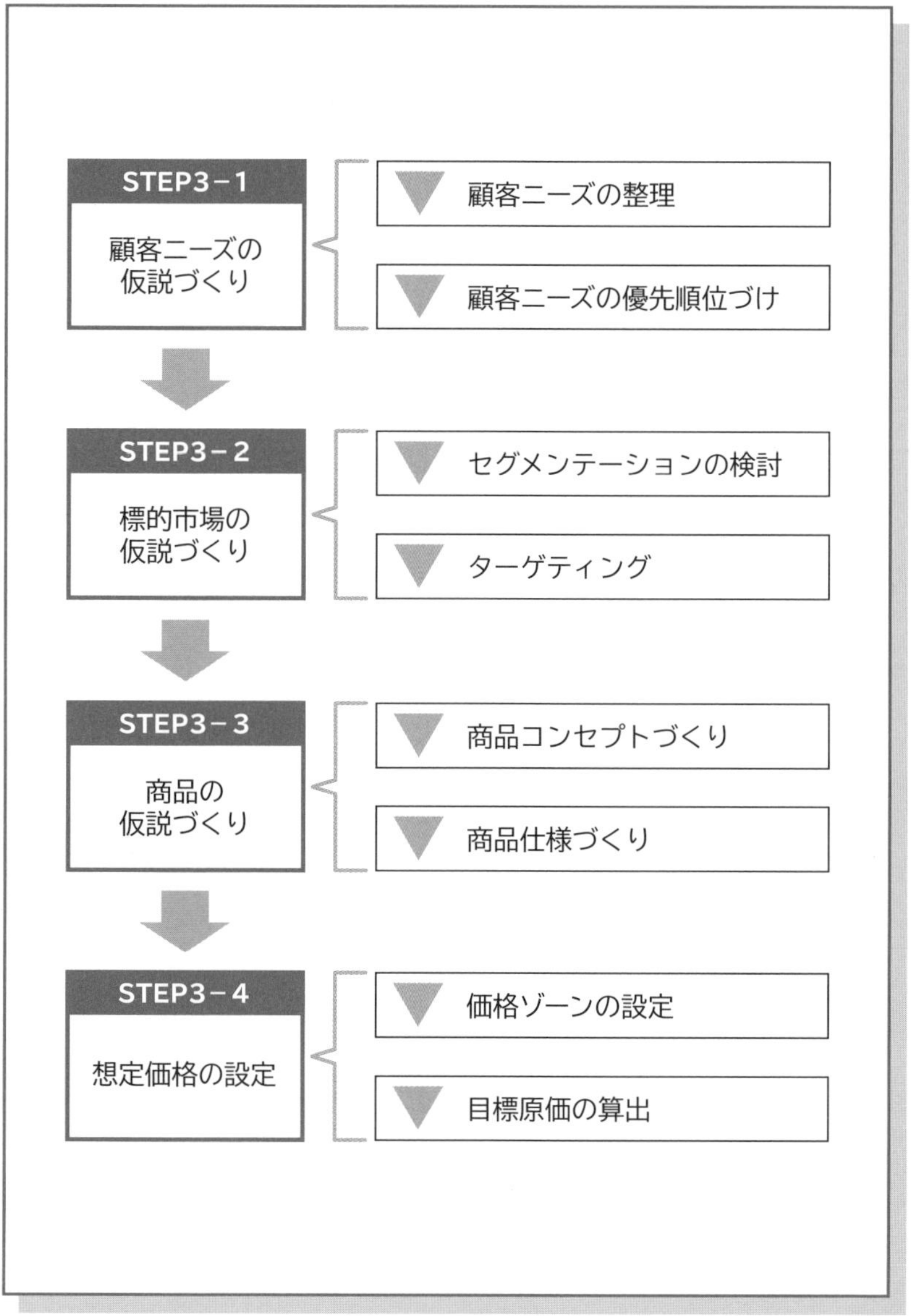

STEP3-1：顧客ニーズの仮説づくり

仮説立案はまず顧客ニーズの仮説検討から始めます。STEP1で作成した4P比較分析をもとに顧客ニーズを整理していきます。自社・競合の商品分析をもとに、顧客がどのようなニーズを持っているかを把握します。

顧客ニーズは、「○○したい」「○○が欲しい」というプラスの欲求・願望が中心ですが、「○○したくない」「○○は避けたい」などマイナス面があることも考慮すべきです。「きっと顧客は○○が欲しいに違いない」など短絡的に決めず、さまざまな視点でニーズを想定することが大切です。

また、ニーズは顧客自身が全く気づいていないものも存在します。イノベーティブな商品と呼ばれるものは大抵このような潜在ニーズを掘り起こしたものです。例えば、スマートフォンは今や多くの人が所持し、日常生活になくてはならないものになっていますが、スマートフォンのパイオニアであるアップル社のiPhoneは、顧客の「あったらいいな」を商品化したものではありません。iPhoneは「電話」「インターネット」「音楽（iTunes）」を組み合わせ商品化したものです。iPhoneのヒットを機に携帯電話市場はスマートフォン市場へと切り替わり、多くの機種が発売されていますが、iPhoneは高価格を維持しており、VGIが高い代表商品の1つといってよいでしょう。

このように顧客の潜在ニーズを掘り起こすことは、価値ある商品を生み出す秘訣ですが、そう簡単にはいかないものです。まずは、顧客の顕在ニーズを洗い出し、視点を変えて潜在ニーズを探り、商品化のヒントを見つけていく必要があります。イノベーションは新結合であるとシュンペーターはいっていますが、顕在ニーズの組み合わせで十分イノベーションを創出できる可能性があります。

1. 顧客ニーズの整理

ニーズの整理は次の観点で実施します。

・顕在ニーズと潜在ニーズ
　顕在ニーズ……顧客が実際に声に出していったこと（要望・クレームなど）
　潜在ニーズ……顧客が声に出していないが、観察事象から想定されること

・モノニーズとコトニーズ
　モノニーズ……主に有形財で購入したいもの・消費したいもの　など
　コトニーズ……主に無形財で利用したいこと・体験したいこと　など

2. 顧客ニーズの優先順位づけ

顧客ニーズを整理したら、優先順位をつけます。ここでの優先順位は、あくまでも顧客の立場で重視するニーズは何かであり、企業側が重視して欲しいニーズではありません。つまり、顧客が求めるニーズの強度です。これが顧客の購買意欲に大きく影響していきます。つまり強いニーズを満たせば

確実に購買につながります。

実際にはフィジビリティスタディを通じて顧客ニーズの反応を確かめる必要がありますが、ここでは仮説レベルでニーズの強度を判定しておき、商品コンセプトや商品仕様へ反映させます。

★★★（強）……とても強く要望する・とても強く反対する
★★（中）……その程度は要望する・ある程度は我慢できる
★（弱）……あまり要望はない・ほとんど気にしない

図表４－２　顧客ニーズの仮説づくり（ニーズ想定表）

顕在ニーズとして、顧客の生の声を記述します。
（要望·クレームなど）
モノニーズ：有形財として購入したいもの　など
コトニーズ：無形財として利用したいこと　など

	モノニーズ	強度	コトニーズ	強度
顕在ニーズ	•ポケットに入る手帳が欲しい •カラフルな色のカバーが欲しい •破れにくい紙質の手帳が欲しい	★★★ ★ ★★	•仕事の抜け漏れをなくしたい •もっと効率よく仕事をこなしたい •長期休暇を取って海外旅行に行きたい	★★★ ★ ★★
	モノニーズ	強度	コトニーズ	強度
潜在ニーズ	•できれば手帳を買わずに済ませたい	★	•毎年の手帳選びから抜け出したい	★★★

潜在ニーズとして、顧客の観察事象から想定されるニーズを洗い出します。
観察事象の例）
• 手帳売場で何時間も商品選択で悩んでいる顧客が多数いる
• 手帳選びで悩んだ挙句、売場を去った

ニーズの強度を想定します

★★★（強）
★★（中）
★（弱）

STEP3-2：標的市場の仮説づくり

顧客ニーズの仮説ができたら、対象とする市場を明確にしていきます。現代のマーケティングでは、市場をすべて同一としてみなし、マーケティング戦略を展開していくことは、ほとんどありません。なぜならば、顧客ニーズは多様化しており、一人ひとりの顧客が全く異なるニーズを持っているといっても過言ではないからです。音楽市場はレコードからカセットテープ、そしてCD・MDへと再生媒体が変化してきましたが、今世紀に入ってiPodに代表されるようにデジタルデータで音楽を聴けるようになりました。そして、最近では月額定額性のクラウド型ミュージックも開発され、自分が好きなプレイリストを簡単に作成できるようになりました。完全カスタマイズの状況です。しかし、すべての顧客のニーズを満たすオーダーメイド商品で規模の経済を享受するにはまだ当分テクノロジーの進化を待たなければならないでしょう。

そこで、顧客をいくつかの同じニーズを持つ集合体として認識し、それらを同一市場とみなして考えていきます。このように市場をいくつかに細分化することを市場細分化(マーケット・セグメンテーション)と呼びます。

そして、いくつかに細分化した市場のどこを標的とするかを定めることをターゲティングと呼び、セグメンテーションとターゲティングを合わせて「標的市場を設定する」といいます。

標的市場を設定することで、マーケティングを効率的に展開することが可能となり、もし売上高・

図表４－３　標的市場の設定

セグメンテーションとターゲティング

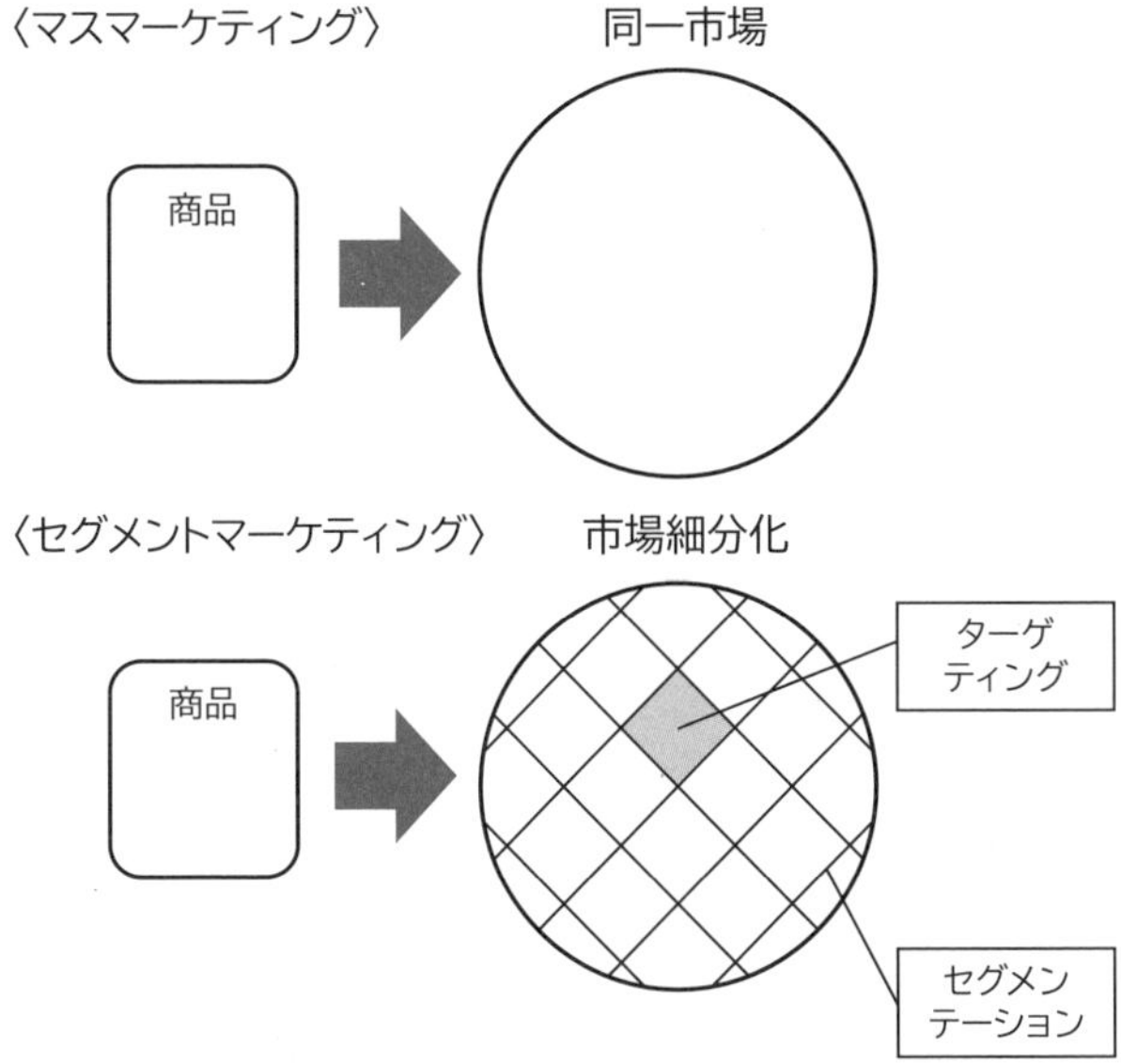

市場細分化変数

地 理 的 変 数

•人口密度、気候、地域、都心の規模など

人口統計的変数

•年齢、性別、所得、家族構成、学歴、職業、宗教など

（地理的変数・人口統計的変数：静態的）

心 理 的 変 数

•ライフスタイル、性格、趣味、人生観、価値観など

行 動 的 変 数

•ブランド・ロイヤルティ、購買動機、商品知識、使用・購買頻度など

（心理的変数・行動的変数：動態的）

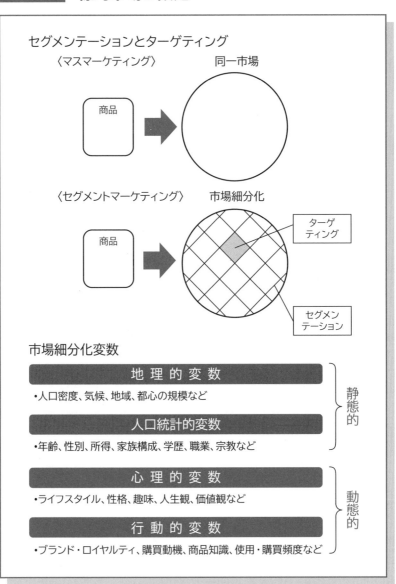

利益の結果がでない場合でも、損失を最小限にとどめることができ、新たな標的市場を設定してリトライするなど、マーケティングプランの軌道修正も可能となります。

そのため、マーケティング戦略を実行する上では、できる限り小さな市場を対象として展開し、成功したら市場を広げたり、他の市場へ水平展開するなど、徐々に市場を開拓していくことが成功の鍵となります。

1. セグメンテーションの検討

標的市場の設定は、市場の細分化（セグメンテーション）から始めます。その際、市場細分化変数を活用すると効率的な設定が可能となります。

市場細分化変数は大きく4つに分けることができます（図表4－3）。

- 地理的変数によるセグメンテーション
  例：人口密度・気候・地域（国、地方、県、市、区、町、村等行政区分）・都市の規模など
- 人口統計的変数によるセグメンテーション
  例：年齢・性別・所得・家族構成・学歴・職業・宗教・国籍など
- 心理的変数によるセグメンテーション
  例：ライフスタイル・性格・趣味・人生観・価値観など
- 行動的変数によるセグメンテーション

例：ブランド・ロイヤルティ・購買動機・商品の関心度・知識・使用・購買頻度など

また、４つの細分化変数は、次の2つに分類することができます。

- 静態的変数（顧客の属性変化がしにくい変数）……地理的変数・人口統計的変数
- 動態的変数（顧客の属性変化が起きやすい変数）……心理的変数・行動的変数

この静態的変数と動態的変数の2軸を活用することで、顧客ニーズに紐づけた市場細分化が可能となります。

STEP3の仮説立案はマーケティング戦略立案上、重要なプロセスとなり、特に「誰の何のため」を明確化することが大切だと前述しました。その中で立案者の「思い」が特に重要な要素となります。立案者自身の思いが弱く、貢献対象が不在のままでマーケティングを考えていくと、いつの間にか他人事として捉え、組織に与えられた使命だからという所与の仕事として捉えてしまいかねません。この「誰の何のため」を明確にする際に、静態的変数と動態的変数の両軸を活用します。つまり、静態的変数は「誰の」、動態的変数は「何のため」と置き換えて、市場細分化を展開します。

図表４－４は、手帳の市場細分化を例にしたものですが、静態的変数は性別で切り分け、動態的変数は手帳の利用シーンで切り分けています。

この際に、顧客ニーズの整理および優先順位づけを活用し、セグメンテーション表を作成し、仮説をつなげていきます。

図表4－4　**標的市場の仮説づくり（セグメンテーション表）**

横軸は、顧客の「何のため」を起点としてセグメンテーションを検討します。
主に心理的変数と行動的変数を参考にして複数洗い出すことがポイントです。

何のため（動態的）

誰の（静態的）

	紙の手帳を利用したい			デジタル手帳を利用したい		
	仕事重視で利用したい	プライベート重視で利用したい	仕事とプライベートの両方で利用したい	仕事重視で利用したい	プライベート重視で利用したい	仕事とプライベートの両方で利用したい
男性						
女性						

縦軸は、「誰の」を起点としてセグメンテーションを検討します。
主に地理的変数と人口統計的変数を参考にしてモレとダブリがないように設定することがポイントです。

標的顧客としたいマスを選定します。
選定する際には、ターゲティングのパターン（図表4-5）を参考に設定します。

2. ターゲティング

セグメンテーション表が作成できたら、次はターゲティングです。細分化した市場のどこを狙うのか、つまり誰を対象顧客とするかを明確にします。

さらにこの際、ターゲティングのパターンを検討する必要があります。ターゲティングのパターンは次の5つに分けることができます。

ターゲティングのパターン

- 製品専門化…………1商品のみで細分化した市場すべてをターゲットとする圧倒的に他社と差別化できる商品でないと難しい（例：養命酒）
- 単一セグメント集中……ある特定市場に絞り込み、1つの商品で対応する（例：世界一周クルージング）
- 選択的専門化…………1つの特定市場で成功した後、水平展開で市場を開拓する（例：俺の○○シリーズ（外食））
- 市場専門化…………1層の市場を対象として複数の商品を投入する（例：ベビー服ショップ）
- フルカバレッジ………すべての市場に対してそれぞれ商品を投入する（例：ガラパゴス携帯〈ガラケー〉）

ターゲティングでは、プロフィットゴールとマーケットゴールとの整合性を取る必要があります。売上規模を求めるあまり、どうしても大きな市場を対象として検討したくなりますが、あくまでもプロフィットゴール設定を踏まえたターゲティングが必要です。

図表４－５　ターゲティングのパターン

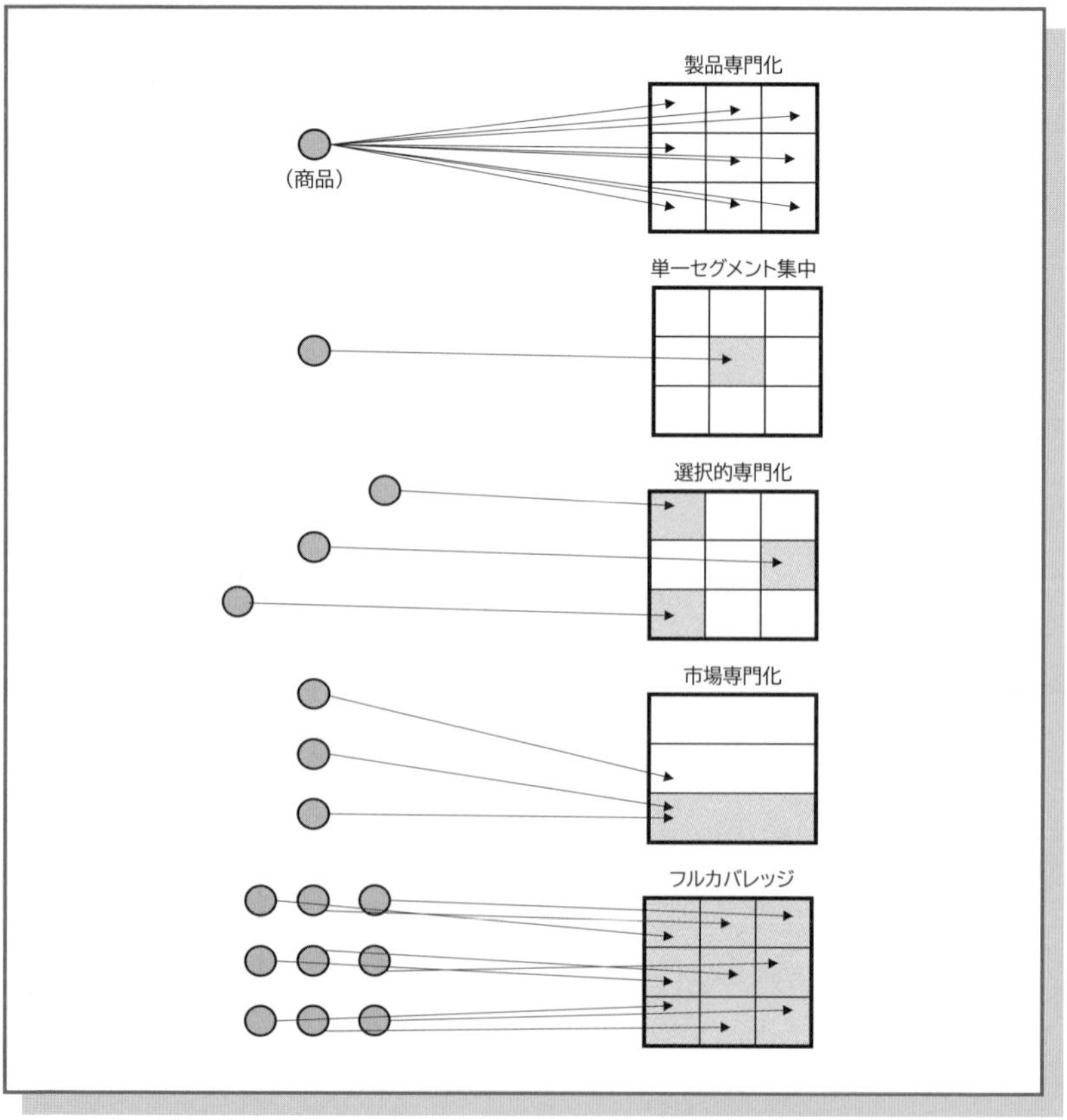

STEP3-3：商品の仮説づくり

標的市場が定まったら、いよいよ商品の仮説づくりに入ります。ここまでのプロセスで「誰の何のため」が明確になっていれば、商品の具体的イメージも湧きやすくなります。

商品の仮説づくりでは、何といってもアイデアのユニークさが必要です。誰も思ってもいなかった商品をつくるためには想像力と創造力が必要です。ぜひ、アイデアを豊富に出しながら、前向きに楽しさを感じながら進めてください。アイデアは突然頭の中に浮かんできます。

一方、斬新なアイデアがあまり出てこない場合は、固定観念にとらわれている可能性があります。ユニークなアイデアや突飛な発想を持つためにも、日常から様々なモノやコトに触れ、感受性を高めておく必要があるでしょう。音楽を聴いたり、ゆっくりと読書したり、美味しい食事をゆっくりと楽しんでみたりすることで、心にゆとりも出てきます。ゆとりは発想力を高めるためにも効果的です。ぜひ、頭を柔らかくしてイノベーティブな商品を考案していきましょう。

商品の仮説づくりは、①商品コンセプトづくり、②商品仕様づくりの手順で進めます。

1. 商品コンセプトづくり

商品コンセプトとは、顧客の立場に立って、商品の価値を言葉で表現したもので、顧客が享受する価値を端的に言い表したものです。ターゲティングした顧客とそのニーズに対して、何を提供していくかを簡潔に表現していきます。

1. 商品コンセプトを考案する上での問い

「誰のどのようなニーズに対して、商品を通じてどのような特徴・機能を提供するとどうなるのか」

2. 商品コンセプトに必要な要素

商品コンセプトには、顧客が直感的に感じられる言葉が必要です。次のような視点を大切にしながらアイデアを出していきましょう。

【覚えやすさ・なじみやすさ・ユニークさ・よい印象・シンプル・驚き】

3. 商品コンセプトの考案方法

①単語・キーワードを書き出す（発散的に多数洗い出す）
②単語・キーワードをつなげてフレーズにする（様々な組み合わせで複数書き出す）
③複数のフレーズを取捨選択し、意思決定する（仮説の段階では複数選択してもよい）

事例

・ダイソンの掃除機：吸引力の落ちないただ1つの掃除機
・森永製菓のウイダーinゼリー：10秒チャージ
・ライザップ（個人向けジム）：結果にコミットする

図表4－6　商品コンセプトのつくり方

■商品コンセプトづくりの問い

「誰のどのようなニーズに対して、商品を通じてどのような特徴・機能を提供するとどうなるのか」

■商品コンセプトに必要な要素

顧客が直感的に感じられる言葉

<視点>

覚えやすい	なじみやすい
ユニークさ	よい印象
シンプルさ	驚き

■商品コンセプトの立案手順

①単語・キーワードを書き出す
②単語・キーワードをつなげてフレーズにする
③複数のフレーズを取捨選択し、意思決定する

2. 商品の仕様づくり

商品コンセプトを踏まえ、商品の仕様を定めていきます。家を建てる際に、住みたい家のイメージが描けたら、家の広さや庭の形、外壁や屋根の色、間取り、部屋の数、部屋に置く家具などを考える工程です。つまり、商品コンセプトを具体化するためにイラストや絵に起こせる状態を目指します。しかし、商品の内容によっては目に見えない無形要素もあるため、その場合は明確な言語化が必要です。

商品の仕様を考えるには、フィリップ・コトラーの「商品概念」を活用します。

商品概念とは、商品を階層化して考えたもので、ここでは商品の核、商品の一次特性、二次特性、三次特性に分けます。

商品の核……中核となる価値
　商品コンセプトとして表すことができる
1次特性……商品の物的特性を指し、商品そのものの仕様
　サイズ・重量・性能・形態・素材など
2次特性……商品のイメージを与える要素で商品を補完する仕様
　デザイン・ブランド・パッケージ・色・カスタマイズなど
3次特性……商品の付随価値であり、商品として目に見えない仕様
　支払条件・配送・設置サービス・メンテナンス・保証サービスなど

商品概念ができあがってきたら、イラストなどへ描き起こし、商品イメージを可視化させます。

図表４－７

商品概念

商品コンセプトをもとに商品を具体化していく

中核となる価値　＝　商品コンセプト

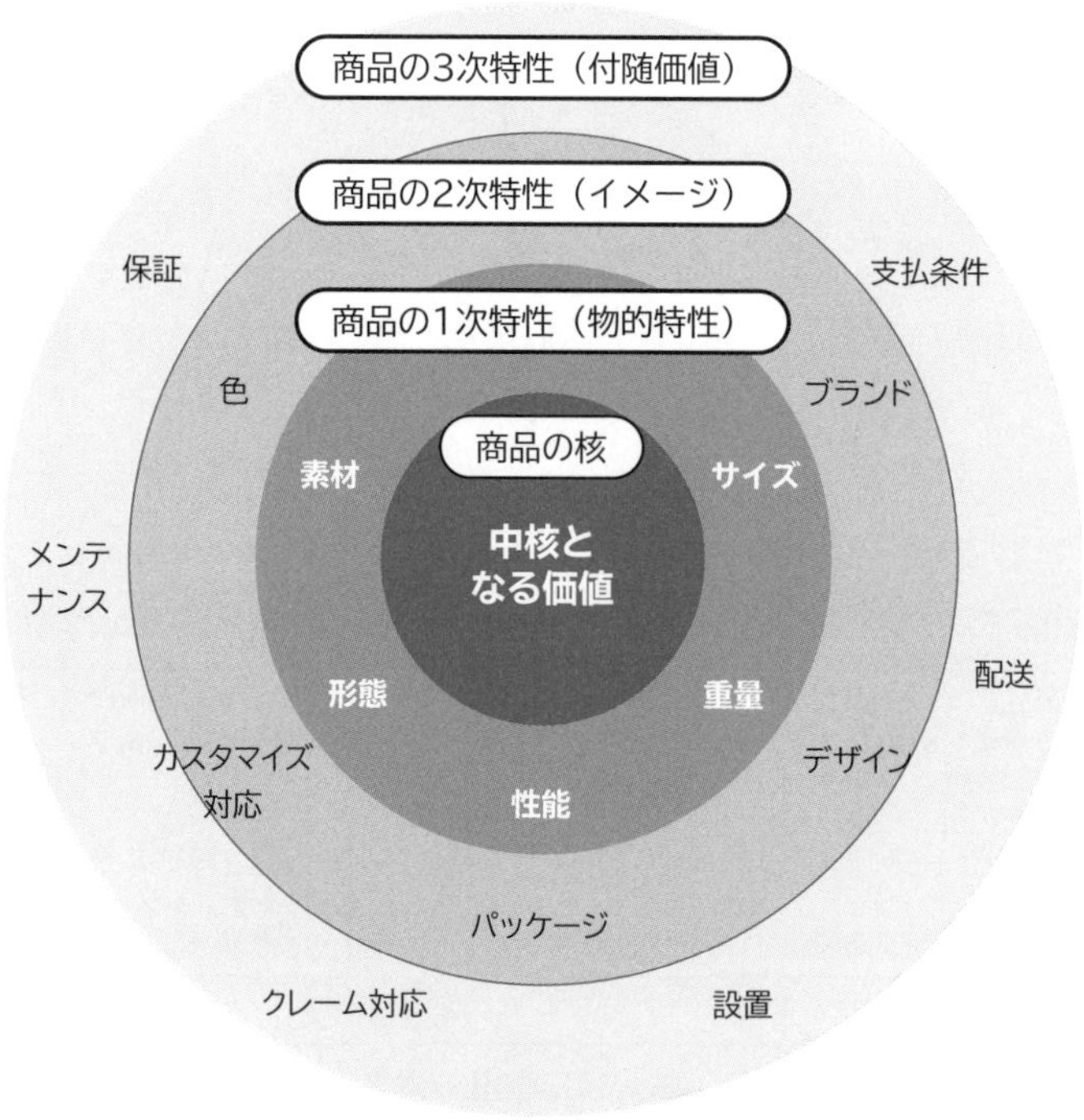

図表4－8　商品の仮説づくり（商品仮説シート）

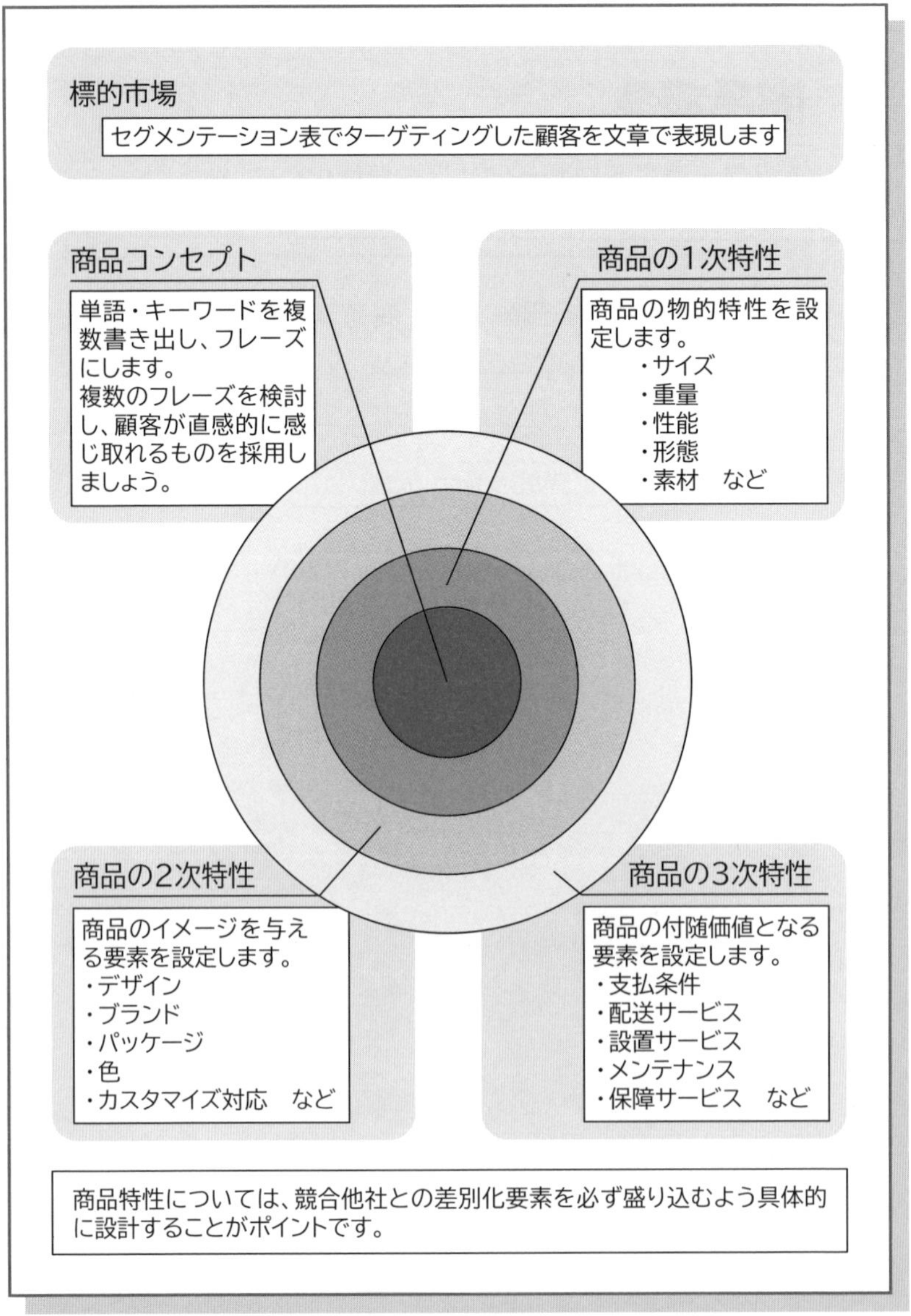

標的市場
セグメンテーション表でターゲティングした顧客を文章で表現します
商品コンセプト
単語・キーワードを複数書き出し、フレーズにします。
複数のフレーズを検討し、顧客が直感的に感じ取れるものを採用しましょう。
商品の1次特性
商品の物的特性を設定します。
・サイズ
・重量
・性能
・形態
・素材　など
商品の2次特性
商品のイメージを与える要素を設定します。
・デザイン
・ブランド
・パッケージ
・色
・カスタマイズ対応　など
商品の3次特性
商品の付随価値となる要素を設定します。
・支払条件
・配送サービス
・設置サービス
・メンテナンス
・保障サービス　など
商品特性については、競合他社との差別化要素を必ず盛り込むよう具体的に設計することがポイントです。

STEP3-4：想定価格の設定

1. 価格策定の基本方針

まず、価格策定の考え方ですが、基本として3つの視点から検討します。自社視点の「原価志向」、顧客視点の「需要志向」、そして競合視点の「競争志向」です。

原価志向の価格政策は、商品原価をもとに売上総利益を加えて設定する方法で、単純に原価に利益額を上乗せする方法と目標利益率を設定する2つの方法があります。VGIの企業の利益指数の考え方が該当します。

次に、需要志向の価格政策ですが、顧客の商品に対する知覚価値をもとに価格を設定する方法（知覚価値価格設定）と需要の大小によって価格を変動させる方法（需要差別価格設定）の2種類があります。前者は、高級ブランド品などに用いられ顧客の購入意欲をもとに設定する

図表4－9　価格策定の基本方針

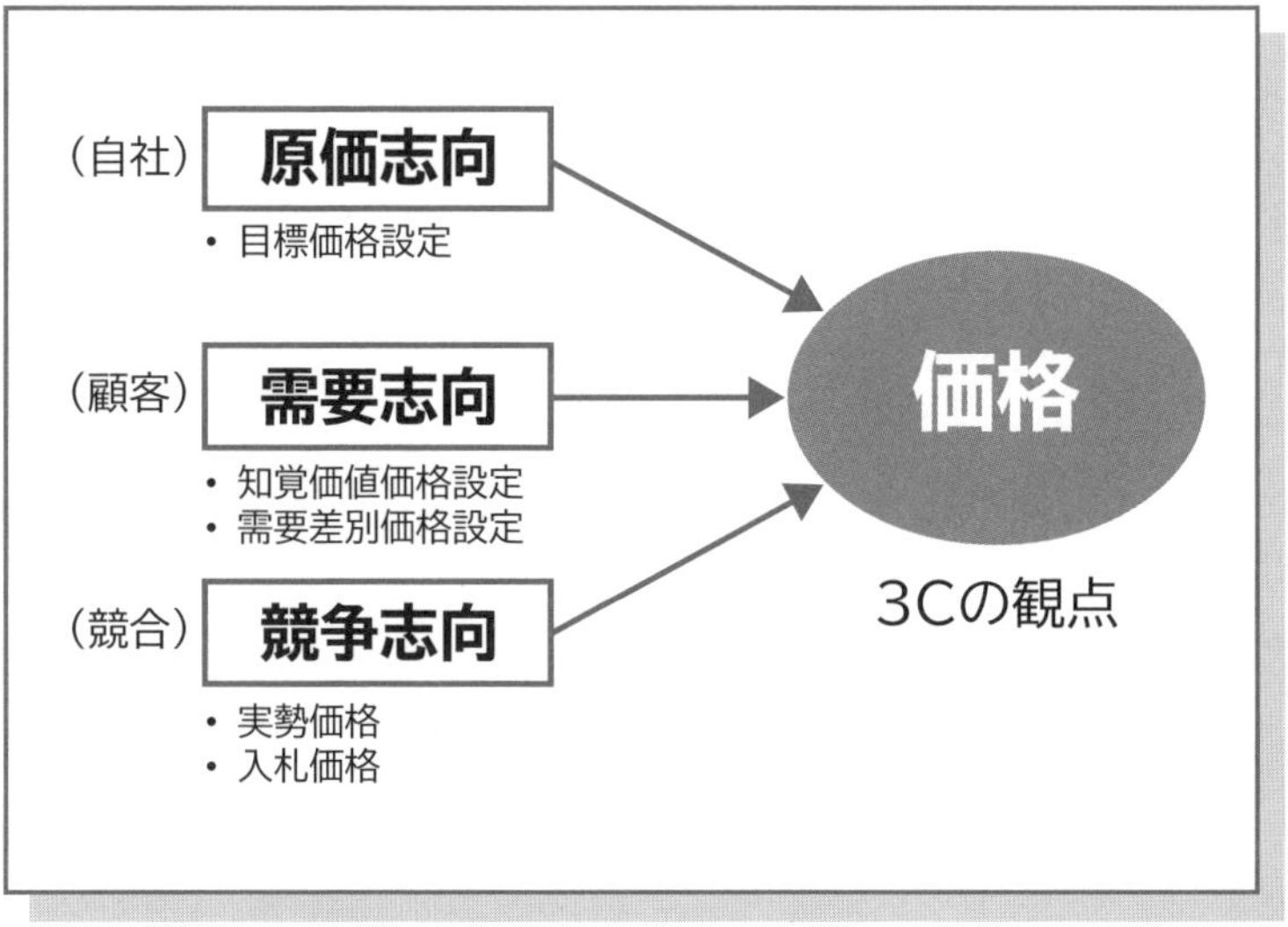

方法でPayable（支払可能額）の妥当性が重要です。後者は、旅行業や鉄道などで採用されており、繁忙期と閑散期の平準化が主な狙いです。どちらの方法にせよ、顧客基準であるPayableを正確に把握して、価格設定を行う必要があります。

最後に競争志向の価格政策ですが、その業界で慣習的に採用されている実勢価格と、主に官公庁で採用されている入札価格があります。

ＶＧＩを最大化するためには、競合企業よりも高価格を設定できることがポイントですが、原価志向・需要志向・競争志向の３つの観点からＶｕｐ７（７つのパターン）を選択した上で価格の方向づけを行うことが肝心です。

2. 価格ゾーンの設定

価格政策における３つの基本方針を踏まえプライスゾーンを設定します。プライスゾーンとは、商品の売価の上限と下限の間隔をいいます。商品の顧客ターゲットおよびコンセプトを踏まえて、最高価格と最低価格を設定します。その際、４Ｐ比較分析をもとに競合および顧客ニーズに基づいて考える必要があります。特に高価格設定の場合は、ターゲットの年齢層や所得額を十分に考慮する必要があります。例えば、高級傘を企画する際、超高級車（例：ロールスロイス）を購入する顧客グループをターゲットと設定するのであれば、１００万円の商品であっても顧客の選択肢に入るでしょう。たとえ市場に１００万円の傘が少ないとしても、価格ゾーンの最高価格として設定しても何らおかしくはありません。また、同時に最低価格の設定も行います。

3. 目標原価の算出

価格ゾーンが定まったら最高価格と最低価格における目標原価を算出します。目標原価の算出方法は次のとおりです。

最高価格×（1－目標売上高総利益率）＝最高価格の目標原価
最低価格×（1－目標売上高総利益率）＝最低価格の目標原価

例）高級傘の商品立案（目標売上高総利益率を50％と設定した場合）
最高価格　100万円×（1－50％）＝50万円
最低価格　5万円×（1－50％）＝2万5000円

ここで算出されたものが目標原価となり、原価として使える金額となります。既存商品がある場合は、その原価と比較し、コストを高められるのか、現状維持か、コストダウンをしなければならないのか、判断材料として使います。

図表4－10 価格の仮説づくり（想定価格設定シート）

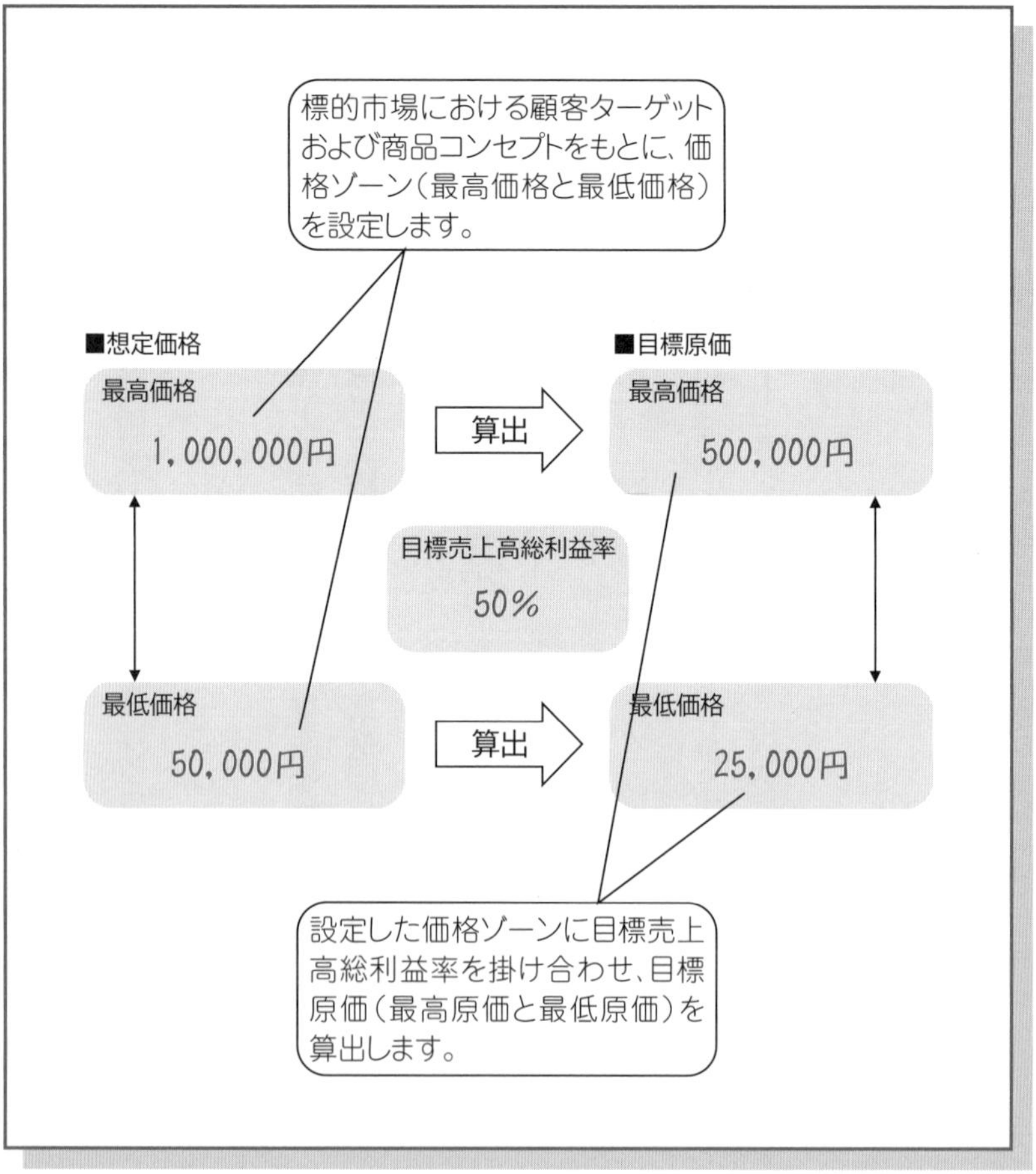
標的市場における顧客ターゲットおよび商品コンセプトをもとに、価格ゾーン（最高価格と最低価格）を設定します。
■想定価格
最高価格
1,000,000円
最低価格
50,000円
算出
算出
■目標原価
最高価格
500,000円
最低価格
25,000円
目標売上高総利益率
50%
設定した価格ゾーンに目標売上高総利益率を掛け合わせ、目標原価（最高原価と最低原価）を算出します。

4. Vup7の仮選択

価格ゾーンの設定と目標原価を算出できたら、Ｖｕｐ７のパターンを選択します。自社および他社の価格と比較して高価格、同等、低価格の３つのうち狙うべきパターンを検討します。この段階では、仮説立案のため仮定でかまいません。実際にはプロトタイプを作成し、市場でのPayable調査を実施して、最終的にＶｕｐ７のパターンを決めていくことになります。

ここでは経済規模によるコストダウンを考えず黒字化できることを前提とします。その黒字化が達成できた暁には規模の経済が働き、さらなる利益が確保できます。

図表4－11　Vup7の仮選択

	パターン	価値ある商品の7類型	Payable/Price × Price/Cost
市場（自社）より高価格	1	積極的イノベーション型	↑/↑ × ↑/↑
	2	バリュー訴求型	↑/↑ × ↑/→
	3	バリュー浸透型	↑/↑ × ↑/↓
市場（自社）同等価格	4	プライスキープ型	↑/→ × →/↓
市場（自社）より低価格	5	ハイコスパ実現型	↑/↓ × ↓/↓
	6	プライスダウン型	→/↓ × ↓/↓
	7	ダウングレード型	↓/↓ × ↓/↓

第5章

フィジビリティスタディの実践（STEP4）

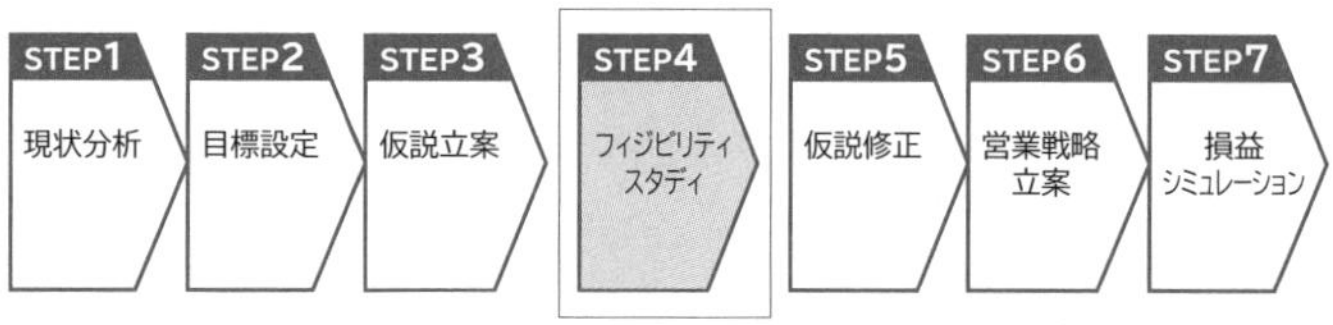

STEP4：フィジビリティスタディの方法論

フィジビリティスタディ（Feasibility Study）とは、新規事業やプロジェクトを実行する際に、実行可能性を判断するために行う事前の実査や実験のことです。

フィジビリティスタディの内容を受けて、これまでに立てた計画を修正したり、結果次第では中止も判断することになります。

マーケティング戦略を立案する上では、様々な市場調査を行いますが、資料調査だけではなく、実際に顧客にインタビューを行ったり、アンケートを実施したりして、現場で事実を収集することが重要です。また、実際にテスト販売を実施して、マーケティング・ミックスの修正について検討します。

フィジビリティスタディで具体的に行うことは、次の2つです。

STEP4-1：プロトタイプづくり
STEP4-2：市場反応調査

フィジビリティスタディは、商品のプロトタイプをつくり、そのプロトタイプを用いて仮説の検証を行います。フィジビリティとは日本語で「実行できること」を指すように、商品を具体的な形につくり上げ、価値のある商品にブラッシュアップしていくプロセスです。

図表５－１　フィジビリティスタディのフロー

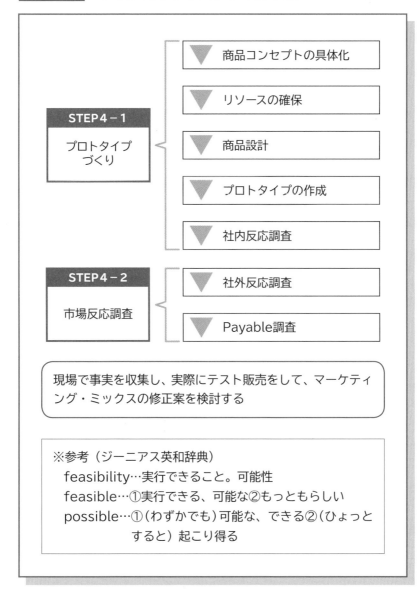

STEP4－1
プロトタイプづくり

- ▼ 商品コンセプトの具体化
- ▼ リソースの確保
- ▼ 商品設計
- ▼ プロトタイプの作成
- ▼ 社内反応調査

STEP4－2
市場反応調査

- ▼ 社外反応調査
- ▼ Payable調査

現場で事実を収集し、実際にテスト販売をして、マーケティング・ミックスの修正案を検討する

※参考（ジーニアス英和辞典）
feasibility…実行できること。可能性
feasible…①実行できる、可能な②もっともらしい
possible…①（わずかでも）可能な、できる②（ひょっとすると）起こり得る

STEP4-1：プロトタイプづくり

プロトタイプづくりの目的は、顕在顧客・潜在顧客を対象として、企画する商品の仕様を具体化するための情報を収集することにあります。プロトタイプをつくることにより調査時の被験者の反応を得やすくします。そのために、試作品であっても被験者に確認してもらうべき仕様を表現する必要があります。

プロトタイプ作成は、「商品コンセプトの具体化」「リソース確保」「商品設計」「プロトタイプの作成」「社内反応調査」の順で行います。

1. 商品コンセプトの具体化

プロトタイプづくりでは、仮説立案の段階で検討した想定価格およびターゲットと、ニーズ仮説をもとに、商品コンセプトの具体化を図っていきます。言葉で表現されている商品コンセプトを絵にしたり、模型にしたりと構造化を図っていきます。こうした絵や模型は、1度で完璧なものを求めようとせず、実現性よりも思いつきをたくさん出す「発散的思考」と、たくさん出たアイデアを取捨選択し、組み合わせて具体的に取りまとめていく「収束的思考」を繰り返しながら進めていきます。

2. リソース確保

プロトタイプづくりを進めるためには、そのための人員・コスト（予算）・時間等のリソースを確保しなければなりません。プロトタイプ作成に必要な予算が確保できなければ、予定しているプロトタイプの質（材質や機能・性能の質）を下げざるを得ない場合があります。プロトタイプを用いて検証すべき内容を明確にした上で、必要とされているリソースの量と質を見積もり、確保しましょう。

3. 商品設計

必要とするリソースが確保できたら、プロトタイプの仕様（寸法、重量、性能値などの設計特性値）を決めます。

プロトタイプの仕様を決めるための手法として、新商品の企画・開発場面で用いられる、ＱＦＤ（Quality Function Deployment：品質機能展開）という手法が有効です。ＱＦＤは、新商品の企画・開発において、顧客ニーズを設計特性に落とし込み、企画・開発段階で顧客ニーズを満たせる品質をつくり込む際に用いられる手法です。特にＱＦＤで用いられる品質表は、顧客ニーズを商品の設計上の仕様へと展開する役割を担います。

■品質表とは

言葉で表現される顧客ニーズ（要求品質）をプロトタイプで表現するためには、言葉を仕様に置き換える必要があります。そのために言葉で表現される顧客ニーズを階層状に構造化して、具体化したものを要求品質展開表といいます。

例えば、図表5－2のような薬用酒の場合、薬用酒の基本的な機能である「病気を防ぐ」を具体化し、「がんを防ぐ」「糖尿病を防ぐ」といった言葉で顧客ニーズを表現し、階層状に構造化します。

また、顧客ニーズを満たす製品を形のあるプロトタイプとして実現するには、製品の性能値や重量・寸法といった品質特性（仕様）の規格値を決める必要があります。薬用酒の例では「ヨモギ」「ドクダミ」「スギナ」などの薬草の使用量（10ｇ）や薬用酒の容量（500ml）を規格値として決めることでプロトタイプがつくれます。このような品質特性を具体化して階層状に構造化したものを、品質特性展開表といいます。

図表5－2　（例）薬用酒の品質表

			品質特性展開表								
			能力的要素						構造的要素		
			マムシ	ヨモギ	ツボクサ	ドクダミ	スギナ	・・・	・・・	・・・	ホワイトリカー
要求品質展開表	病気を防ぐ	がんを防ぐ		◎			◎				
		糖尿病を防ぐ				◎					
		体内の毒を排出する		◎		◎	◎				
		アレルギー体質を改善する		◎		◎					
		コレステロール値を下げる		◎			◎				
		うつを予防する			◎						
	元気になる	脳細胞が活性化する			◎						
		記憶力が高まる			◎						
		老化を遅らせる			◎						
		肩こりがなくなる				◎					
		滋養がとれる	◎				△				
	おいしく飲む	臭みがない				◎					
		香りがよい				○	◎				
		リラックスできる			◎		◎				
		口当たりがまろやか									
		食事と一緒に楽しめる									◎
		規格値（仕様の値）	1匹	10g	5g	15g	10g				500ml

品質表は、要求品質展開表で具体化した顧客ニーズと、品質特性展開表で具体化した品質特性との関係を、マトリクス状で明らかにしようとするものです。例えば、図表５‐２の例のように、薬草酒の要求品質展開表の「おいしく飲む」における「香りがよい」に関係する品質特性には、「スギナ」「ドクダミ」があります。スギナはアルコールにつけるとよい香りがするので、薬用酒の香りのよさに強い関係がある項目です。そのため、これらの項目がクロスするセルに◎をつけます。また、「ドクダミ」は香りづけに大きく影響しますが入れすぎると匂いがきつい薬草です。関係があるので、○をつけます。

このように関連のある要求品質と品質特性を◎○△（◎：強い関係がある、○：関係がある、△：関係が想定される）で関連を明確にします。そうすることで、「スギナ10ｇ」といったような具体的な規格値を決める際の検討に役立ちます。また、プロトタイプづくりやその後のインタビューにおいて、顧客ニーズと規格値を確認して必要に応じて修正し、さらなる顧客ニーズを満たす手段のアイデア出しを行うための土台としても役立ちます。

4. プロトタイプの作成

品質表の顧客ニーズ（要求品質）を優先順位づけし、プロトタイプで表現すべき顧客ニーズを選定します。そして選定された要求品質とのリンクがある仕様を確認し、具体的な設計値に落とし込んだ上で形にします。

プロトタイプの作成は、商品の企画以外にサービスの企画でも実施手順は同様です。サービスの場合は形のあるモノはつくれませんが、概念図やスキット（即興劇）などでサービスを表現し、検証する方法があります。

5. 社内反応調査

プロトタイプを用いた社内での調査を通じ、顧客ニーズの仮説を検証するとともに、プロトタイプの仕様を洗練化します。社内反応調査は、後に実施する仮説検証の前段階に行うプリテストという位置づけであるため、この段階で仮説に間違いがないかを確認することが大事です。特にプロトタイプが仮説検証における市場反応調査に耐え得るレベルであるかどうかを確認することを重視しましょう。

社内で得られた反応をもとに、必要に応じて品質表の修正、またプロトタイプの修正を行います。プロトタイプの修正を検討する場面では、再度品質表を作業台として用い、ねばり強く検討しながら商品の仕様を確定させます。

STEP4-2：市場反応調査

1. 社外反応調査

完成したプロトタイプを用いて、社外（顕在顧客や潜在顧客）への調査を行い、価値ある商品であるか否かを検証します。

社外反応調査は、「調査手法の検討・決定」「調査の準備・実施」「調査結果の検証」「ターゲットの確定」「商品・価格の決定」の流れで行います。

調査手法の検討・決定では、数ある調査手法の中で、仮説の検証に有効な方法を選択し実施します。調査手法は主に「市場実査」と「市場実験（テスト販売）」の2つの手段からなります（図表5－3）。

市場実査は、顧客ニーズの仮説を立てることと、その仮説を検証することを目的に行います。具体的には、現場に出向いてインタビューや使用状況の観察を行って、主に定性情報を収集します。また、仮説の検証ではアンケート調査を行い、定量的な情報を集めます。

市場実験は、マーケティング・ミックスの修正を行うことを目的に実施します。具体的には実際に商品を製作し、テスト販売等で顧客の反応を確認します。

市場実査と市場実験をうまく組み合わせて仮説の検証を速やかに実施することが重要です。

図表5－3　仮説立案・検証マトリクス

目的		内容	方法論
市場実査	【仮説立案】顧客ニーズの仮説を立てるため	現場に出向き、利害関係者にインタビューしたり、観察を行いながら、顧客のニーズを探る（主に定性情報を入手する）	・グループインタビュー ・個別インタビュー ・フィールドワーク
	【仮説検証】ニーズ仮説を検証するため	立案した仮説について、ニーズの裏づけを得るためにアンケート調査を行う（主に定量情報を入手する）	・アンケート調査（電話法・WEB法など） ・Payable 調査
市場実験	マーケティング・ミックスの修正	実際に商品（試作品も可）を製作し、顧客の反応を得る	・使用テスト ・テスト販売

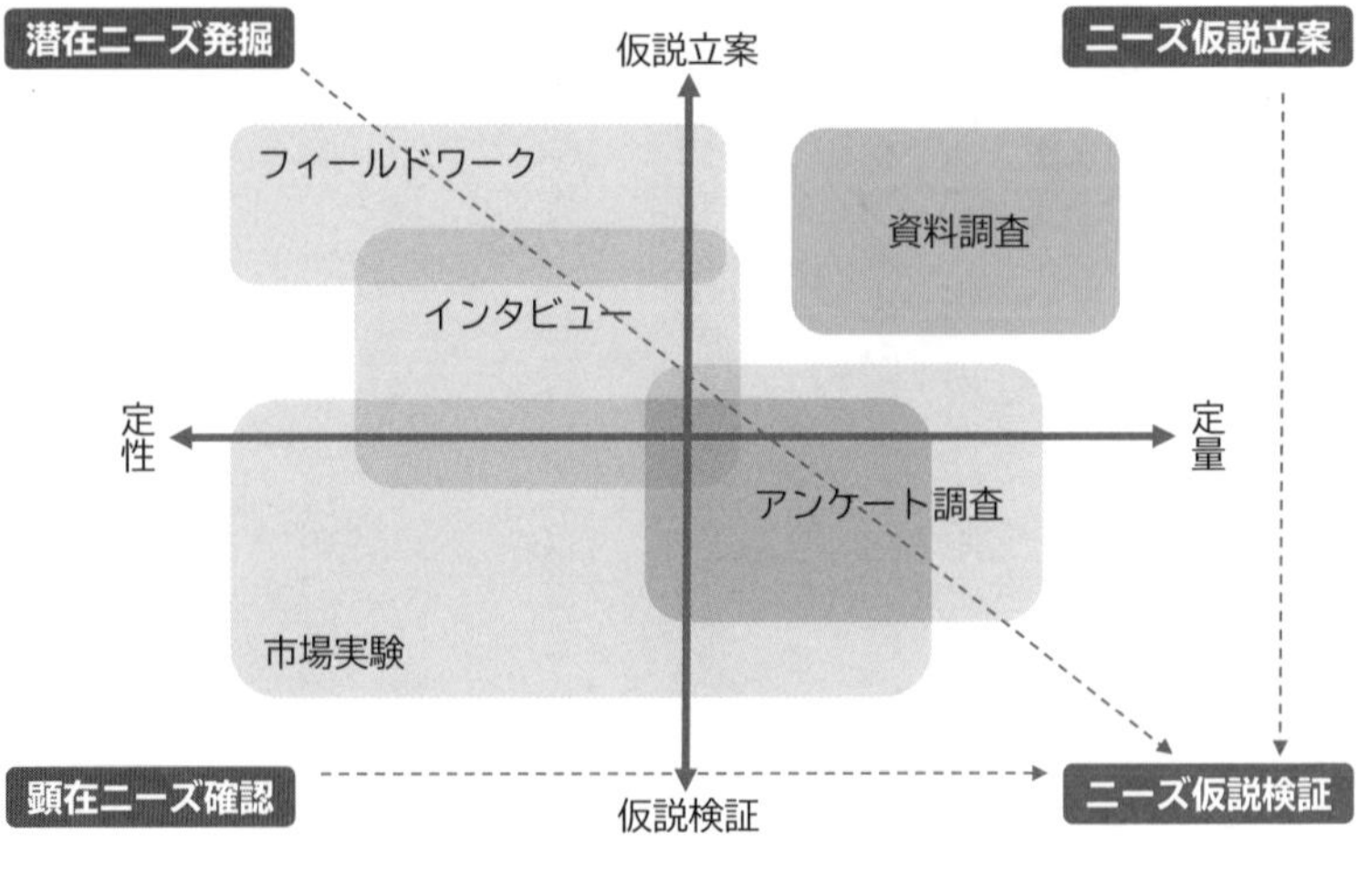

■詳細な仮説検証のために

具体的な手順としては、インタビュー調査を行い、より具体的な仮説検証のためのアンケートの設問設計を行います（インタビューからアンケート）。

進め方は次のとおりです。

①インタビュー（仮説立案）
- アンケートを実施する前に、顧客のニーズを探る（定性情報）。
- アンケート実施に向けて、質問・回答項目を見つける。

インタビューは、調査相手と双方向でやり取りするため、柔軟さがある。

②アンケート（仮説検証）
- インタビューで得られた仮説を検証する（定量情報）

図表5－4 アンケートのキホン

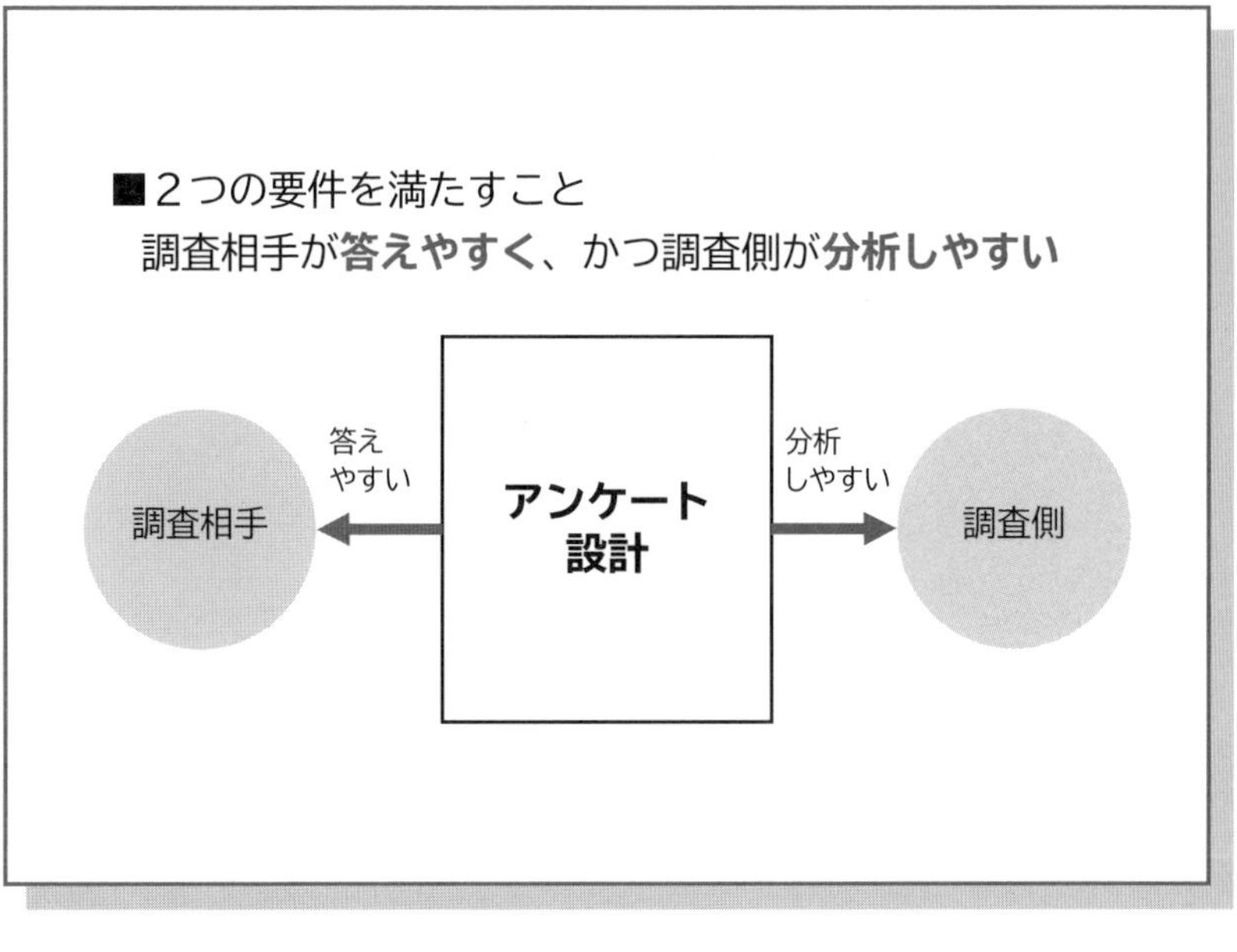

・アンケート調査を通じて、顧客のニーズ仮説を検証する。
一方向で把握するため、やり直しがきかない。

アンケートは、「調査相手が答えやすい」ことと「調査側が分析しやすい」ことの両方が求められます。よいアンケートとはこの2つを満たしているアンケートだといえるでしょう。

アンケートの準備は、以下の《調査の基本原則》や《質問作成の7原則》を踏まえて実施することが重要です。

■調査の基本原則

1. 調査目的・必要性を定める
何のために調査するのか?を明確にする。既にある情報を確認し、ムダのない調査設計を行う。

2. 調査の限界を理解する
プライバシーや個人情報に関わる内容については、調査で知ることができないものもある。

3. 質問の流れに配慮する
正確な回答を得るために答えやすい質問設計が重要。重複感のある質問は避け、極力回答の負担を減らす。

4．相対評価できる設計にする

調査結果を有効に活用するため項目を比較できるように質問を設計する。

(回答結果の集計例)

相対評価できない集計例：バイクが好き・・20%

相対評価できる集計例：バイクが好き・・20%　車が好き・・・70%　その他・・10%

アンケートの実施方法にはさまざまなものがあります。それぞれのメリットとデメリットを踏まえて、適した方法を採用しましょう。

■質問作成の7原則

1．言葉を慎重に選ぶ

言葉の意味、相手の受け取り方に注意する。

図表5－5　アンケートの実施方法

方法		メリット	デメリット
面接法	調査員が訪問して聴き取る	本人確認ができる 柔軟な質問で本音を探れる	コストがかかる 調査員の質問スキルが必要
留置法	訪問し数日後に回収する	回答者に時間的余裕がある 回収率を高められる	本人以外が回答する可能性がある
電話法	調査員が電話で聞き取る 自動音声	迅速さがある	固定電話と携帯電話の所有者が重複する 質問量に制限がある
郵送法	郵送し記入後、返信してもらう	コストが安い 調査エリアを広げられる	回収時間がかかる 本人以外が回答する可能性がある
Web法	インターネットで答えてもらう	画像・音声・動画の利用が可能 とにかく早い	デジタルリテラシーが高い回答者に限られる

2. 答えやすさを重視する
答えにくい、答えられない質問は避ける。

3. ダブルバーレル（1つの質問で2つの内容を問う）を避ける
1質問1回答が基本。

4. 誘導質問を避ける
答えを誘導するような質問はしない。

5. 質問順序に配慮する
回答者にキャリーオーバー効果（前の質問のために以降の問いに対する効果にゆがみが生じること）が働くと心得る。

6. 自由質問と限定質問を使い分ける
知りたいことと考えさせたいことを明確にして問いを選ぶ。

7. 補助手段を活用する
文章だけでわからない場合は画像等を活用する。

■アンケートの回答形式

アンケートの回答形式には、自由回答形式と限定回答形式があります。調査したい内容や内容の答えやすさを考慮して、適切な回答形式を選びましょう。

1. 自由回答形式
質問文のみを提示し、回答欄に自由に記述してもらう。

2. 限定回答形式
a）賛否法　「はい」か「いいえ」
b）シングルアンサー（SA）……選択肢から1つだけ選ぶ
c）マルチアンサー（MA）……選択肢からいくつでも選ぶ
d）リミテッドアンサー（RA）……選択肢から○個だけ選ぶ
e）カテゴリー尺度法……好き・やや好き・やや嫌い・嫌い・どちらでもない
f）SD法……明るい　7・6・5・4・3・2・1　暗い
g）順位法……選択肢に順位をつける
h）数値配分法……選択肢に得点を分配する

アンケート調査は顧客ニーズの仮説を検証するために行いますが、その中でも価格に関するニーズを定量的に把握することは重要です。

2 Payable 調査

商品の価格は、企業の視点（利益が確保できるか）、競合の視点（競合他社と比較して高いか低いか）、顧客の視点（値ごろ感があるか）の３つの視点で決まります。

ここではそのうち、「顧客の視点」で価格を決定するための調査方法であるPayable 調査について紹介します。Payable 調査は、特に潜在ユーザーに対して、新商品の価格をアンケートで調査するときに用いる手法です。

Payable 調査では、図表５－６の回答用紙のように、回答者が商品を購入すると仮定して、この価格以下なら確実に買う価格と、この価格以上なら確実に買わない価格の２つの価格を目盛上に回答してもらいます。

Payable 調査は主に新商品を対象とするた

図表５－６

この商品を購入すると仮定して、この価格以下なら**確実に買う**価格と、この価格以上なら**確実に買わない**価格を回答してください。

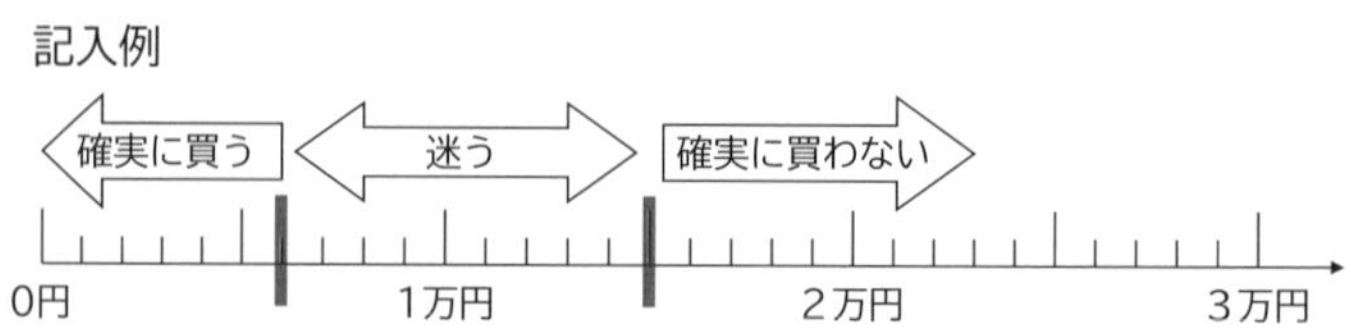

め、プロトタイプを用意した面接形式で行います。調査時には回答者に対して商品の説明を行い、プロトタイプを利用してもらいながら商品の機能やデザインを理解してもらった上で回答してもらいます。

また、回答時に「参考価格」として標準的な価格を回答者に提示するのが一般的です。その理由はこれまで利用したことや見たことがないような商品の場合は、回答する際に値ごろ感がわかりにくく、対象者が回答しにくいためです。ただし、参考価格を提示すると、回答者がその価格に影響を受けることになるため、参考価格の提示には十分注意を払う必要があります。参考価格は、基本的には売れ筋商品の価格を提示することが望ましいでしょう。

Payable調査で収集した価格データを累積すると、図表5-7のようなグラフ（需要の価格弾力性グラフ）を導くことができます。これは、横軸に価格、縦軸に価格に対する購入確率（全体の中で購入すると答えた人の割合）を示したもので、価格の変化に対する顧客の購入意欲の変化を把握するのに役立ちます。

特に、新商品の場合は情報が少ないため、顧客に価格が受け入れられるかの判断の目安として有効です。例えば、「2万5000円では全体の30％しかシェアの獲得が期待できないが、2万円に設定すれば50％以上のシェアの獲得が期待できる」といった目安の立て方が可能になります。

ただし、これらは顧客の視点のみを調査した結果であり、需要量は競合との兼ね合いもあった上で決まるため、この調査結果だけで判断するのは好ましくありません。あくまで、戦略を立案する1つの情報として捉え、競合の価格情報や戦略立案の情報を合わせて、総合的に判断する必要があります。

図表5－7

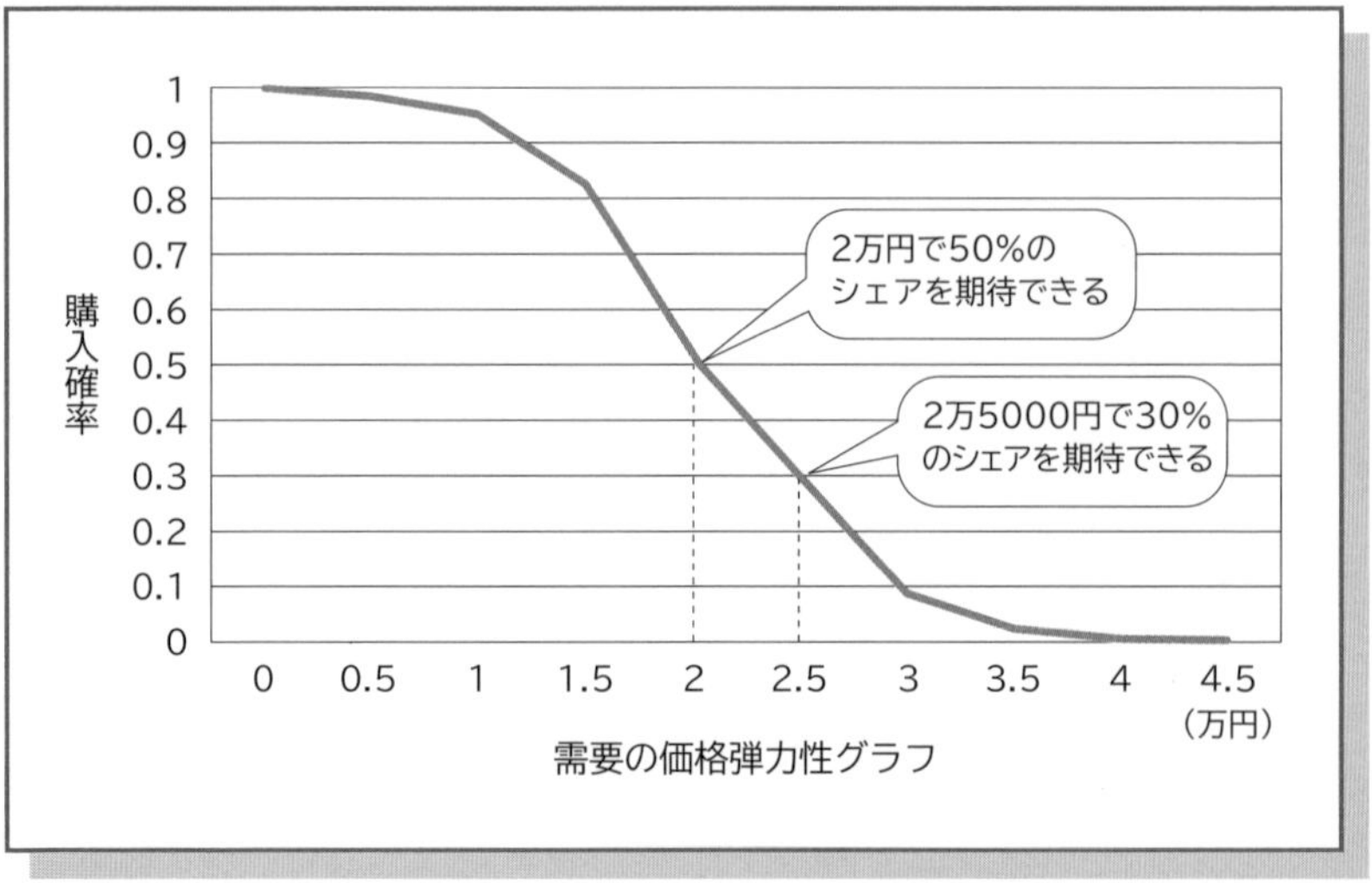

第6章

仮説を修正する（STEP5）

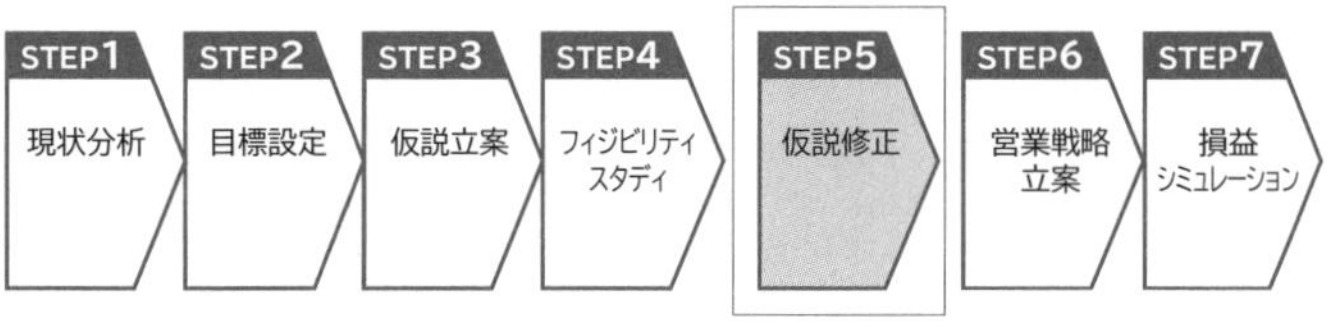

STEP5：仮説修正

フィジビリティスタディの実践によって、プロトタイプに対する顧客の反応および想定価格の妥当性が見えてきます。ここからは、フィジビリティスタディの検証を踏まえて、Product および Price の確定を進めます。これが「STEP5 仮説修正」です。マーケティングプラン立案では、この検証作業が欠かせません。そのために、検証作業を行う期間も、マーケティングプラン立案のスケジュールにしっかりと組み込んでおく必要があります。フィジビリティスタディの結果次第では、標的市場の設定段階へ戻り、商品の再設計からリスタートすることもあります。

仮説検証の進め方は次の通りです。

STEP5 -1：フィジビリティスタディの検証
STEP5 -2：Product 政策の確定
STEP5 -3：Cost の確定
STEP5 -4：Price 政策の確定

特に STEP5 -4 では、VGIの重要要素である Price を確定させる段階です。顧客の価格満足度と自社利益を両立させるため、Vup7を選択した上で最終的に意思決定を行います。

図表６－１ 仮説検証のフロー

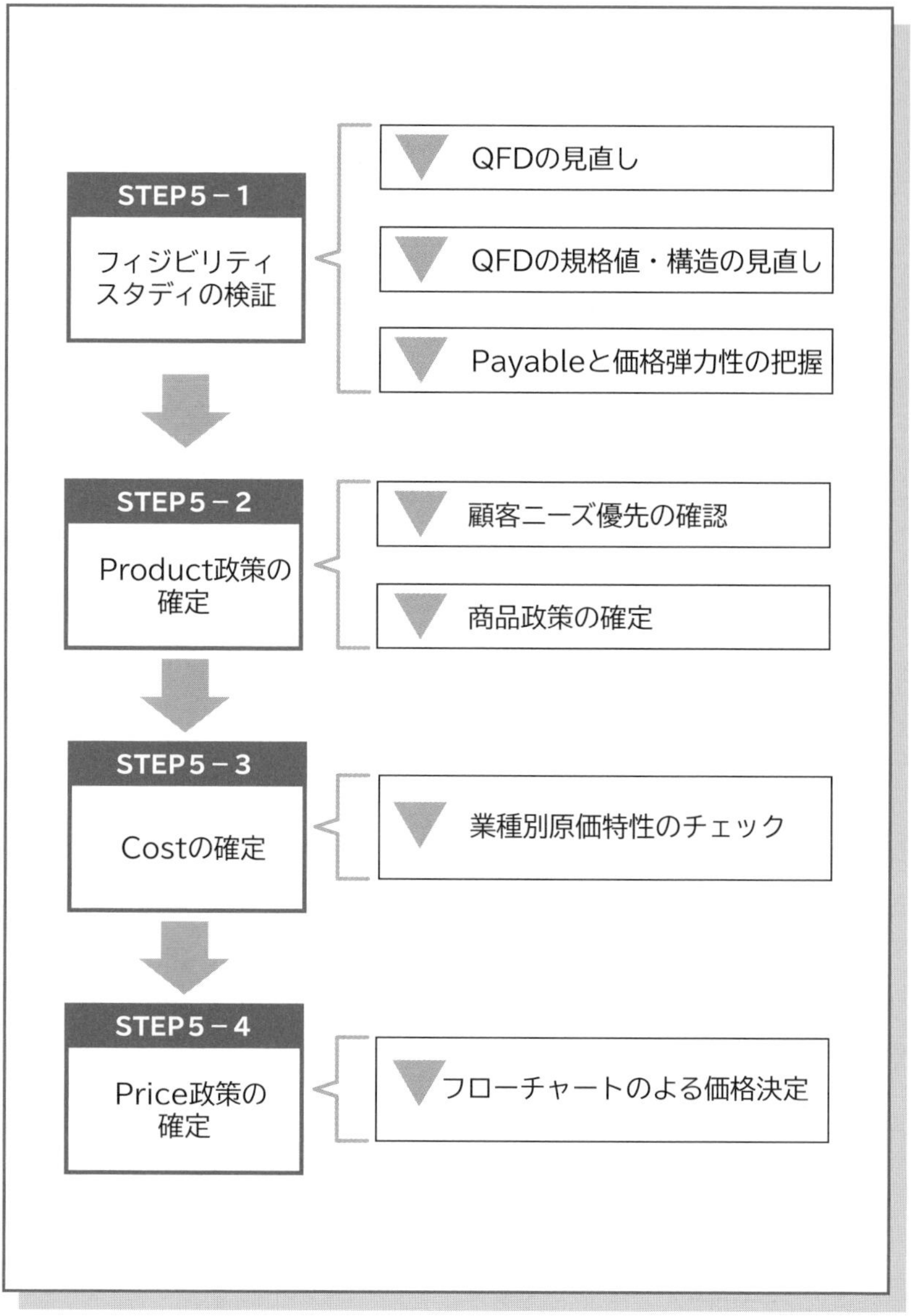

STEP5-1：フィジビリティスタディの検証

仮説検証は、フィジビリティスタディの検証から行います。インタビューやアンケートなどの社外反応調査で得られた情報をもとにQFDの修正を行います。まずは顧客ニーズを見直し、その上で商品仕様の見直しを進めます。

さらに、Payable調査についても考察を行います。ここでは商品特性を踏まえながら価格弾力性を把握します。これはPrice政策を確定させる上での根拠づくりにあたります。

1. QFDの顧客ニーズ見直し

プロトタイプを用いた調査を通じて得られた結果と、第4章で立てた顧客ニーズの仮説とを比較し、想定していた顧客層に対して、想定していたニーズが十分に見込めるかを確認します。ここで仮説と調査結果に違いや大きな差があった場合は、標的顧客や商品コンセプトの修正・見直しを行います。見直しを行う際には、プロトタイプづくりで実施したQFDの品質表を見直して修正します。

図表６－２

フィジビリティスタディ
時の品質表

			品質特性展開表								
			能力的要素						構造的要素		
			マムシ	ヨモギ	ツボクサ	ドクダミ	スギナ	・・	・・	・・	ホワイトリカー
要求品質展開表	病気を防ぐ	がんを防ぐ		◎			◎				
		糖尿病を防ぐ				◎					
		体内の毒を排出する		◎		◎	◎				
		アレルギー体質を改善する		◎		◎					
		コレステロール値を下げる		◎			◎				
	元気になる	うつを予防する			◎						
		脳細胞が活性化する			◎						
		記憶力が高まる			◎						
		老化を遅らせる			◎						
		肩こりがなくなる				◎					
		滋養がとれる	◎				△				
	おいしく飲む	臭みがない				◎					
		香りがよい				○	◎				
		リラックスできる			◎		◎				
		口当たりがまろやか									
		食事と一緒に楽しめる									◎
		規格値（仕様の値）	1匹	10g	5g	15g	10g				500ml

フィジビリティスタディ
検証後の品質表

			品質特性展開表									
			能力的要素							構造的要素		
			マムシ	ヨモギ	ツボクサ	ドクダミ	スギナ	ハイビスカス	・・	・・	・・	ホワイトリカー
要求品質展開表	病気を防ぐ	がんを防ぐ		◎			◎					
		糖尿病を防ぐ				◎						
		体内の毒を排出する		◎		◎	◎					
		アレルギー体質を改善する		◎		◎						
		コレステロール値を下げる		◎			◎					
	元気になる	うつを予防する			◎							
		脳細胞が活性化する			◎							
		記憶力が高まる			◎							
		老化を遅らせる			◎							
		肩こりがなくなる				◎						
		滋養がとれる	◎				△					
	おいしく飲む	臭みがない				◎						
		香りがよい				○	◎	○				
		リラックスできる			◎		◎					
		見た目がよい						◎				
		口当たりがまろやか										
		食事と一緒に楽しめる										◎
		規格値（仕様の値）	1匹	10g	5g	15g	10g					720ml

構造の見直し

顧客ニーズの見直し

規格値の見直し

2. QFDの構造・規格値見直し

顧客ニーズが確認できたら、次は顧客ニーズを実現する手段（商品の方式・構造や機能）は適切であったかどうかを検証します。顧客ニーズが確認できても、商品にそれを実現する手段が備わっていなければ、顧客ニーズは満たせません。そのような場合は、商品の機能や構造を改めて見直す必要があります。

そして次に検証するのは、商品の仕様（設計値）に過不足がないかどうかです。商品が顧客ニーズを満たすレベルが低ければ、顧客の満足は得られません。また逆に、必要以上の仕様になっている場合は、商品にムダなコストをかけることになりオーバースペックになります。オーバースペックは高価格になることが多く、顧客の満足につながらないため、仕様のレベルが適切になるように修正・見直しを行います。これらの修正・見直し作業はＱＦＤの品質表を作業台として用い、品質表を上書きしながら進めるとよいでしょう。

3. Payableと価格弾力性の把握

フィジビリティスタディのPayable調査（第5章）では、顧客が妥当だと感じる商品の価格帯を把握しました。ここではその結果を踏まえて、どれぐらいの価格帯だと顧客の購入意欲が高まるのか、また低くなるのかを確認します。この確認は次の価格決定のステップにおいて必要になる検証の1つです。一般的に、価格の変化に対する需要の変化を需要の価格弾力性といいます。価格の弾力性を把握しておくと、「あと○○%多く顧客に購入してもらうためには価格をどの程度下げればよいか」「価格を○○円上げるとどれぐらいの購入量の落ち込みが見込まれるか」等を把握することができ、プロフィットゴールを実現するための価格決定に有益な情報を提供することになります。

ここで注意すべきことは、需要の価格弾力性には商品の特性による違いがあるということです。商品には大きく、「専門品」「買回品」「最寄品」の3タイプがあります。専門品とは、標的市場が狭く、高級腕時計・高級スポーツカー等の高価格帯に相当する商品をいいます。買回品は、標的市場が中規模で、ある一定のサイクルで定期的に購入する洋服などの生活用品で、中程度の価格帯に位置づけられます。最寄品は日用品で、洗剤や調味料等の買い替え需要が早く、主に低価格帯の商品をいいます。

専門品は標的市場を絞り込んで高価格に設定することが求められるため、需要の価格弾力性曲線では、特に高価格帯における購入確率の変化量を注意して見るべきでしょう。

買回品は、中程度の価格帯で設定されることが多く、また、特徴として値ごろ感が比較的わかりやすく、価格の変化に対して顧客が敏感になりやすい特徴があります。例えば、１２００円のセーターが週末セールで９８０円で大量に販売されるなど、ある価格を過ぎた途端に購買数が急に増えたり、逆にある価格から急に売れなくなるといった特徴が出やすくなります。そのため、特に変化量（モード）が急な箇所を注意して見るべきでしょう。

また、最寄品は、多くが日用品であるため前述のモードと、価格にセンシティブな顧客も多いと考えられることから、特に低価格帯を見るべきでしょう。

また、需要の価格弾力性グラフを全体で見た場合には、図表６－４のように、なだらかな曲線を描くタイプと、ある価格を境にして急激に変化するタイプが見られます。前者は、価格に対する反応がさまざまで、その商品に関する値ごろ感がわかりにくい新商品などの場合に見られます。後者は、ある程度広く知れ渡っている商品やイメージしやすい商品の場合に見られます。ある程度の値ごろ感があるためにその価格を境に急激に変化する様子が確認できます。

Payable 調査では、対象者に対して特に顧客のタイプ（イノベータ等）は絞り込まず、幅広い顧客層を想定して調査を行いますが、実際に販売対象とする顧客は、新商品に興味を持ち、少々高価格でも購入する意欲の高い顧客層であることは意識しておく必要があります。

図表6－3　需要の価格弾力性グラフで確認するポイント

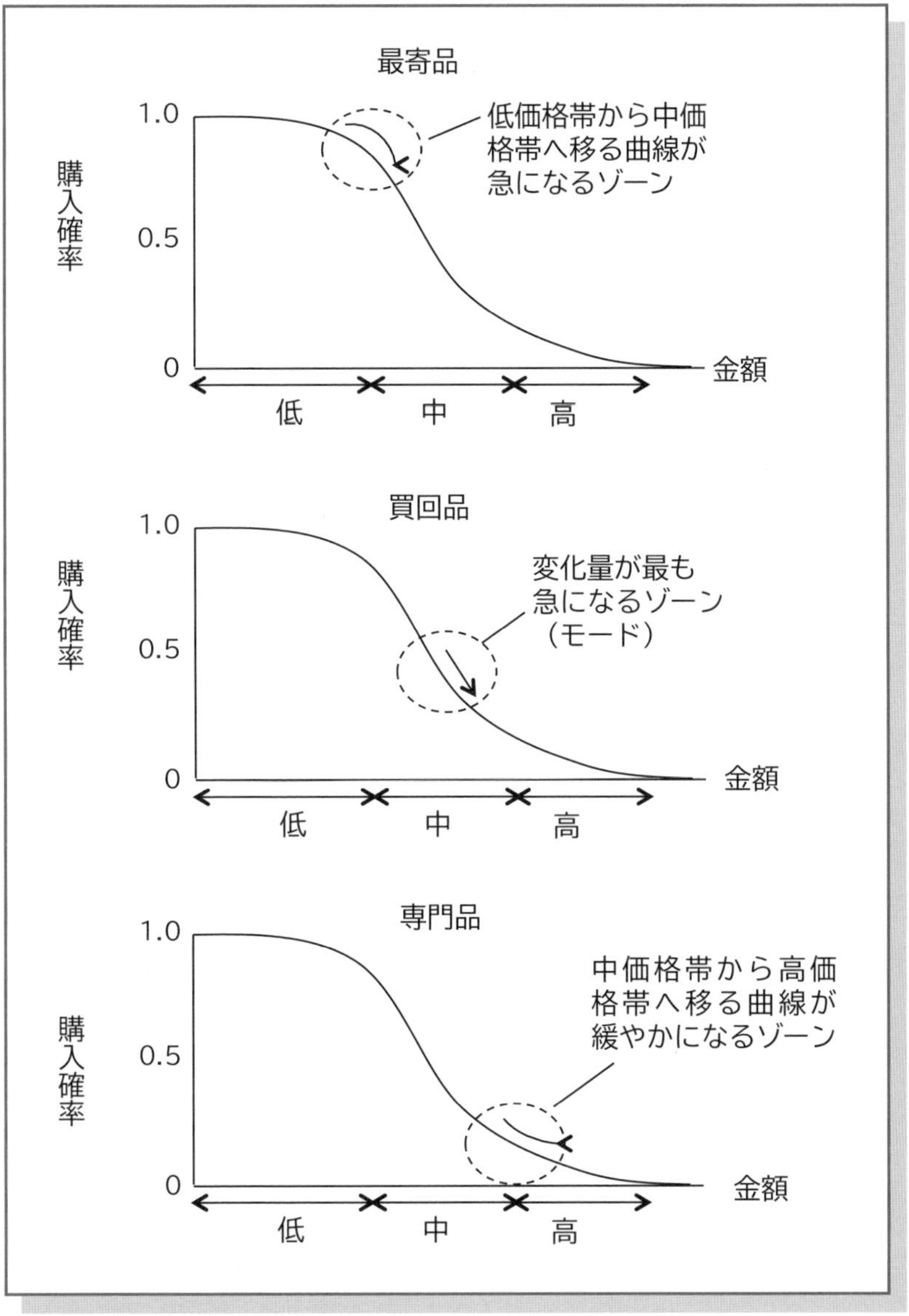

図表6－4　需要の価格弾力性グラフのタイプ

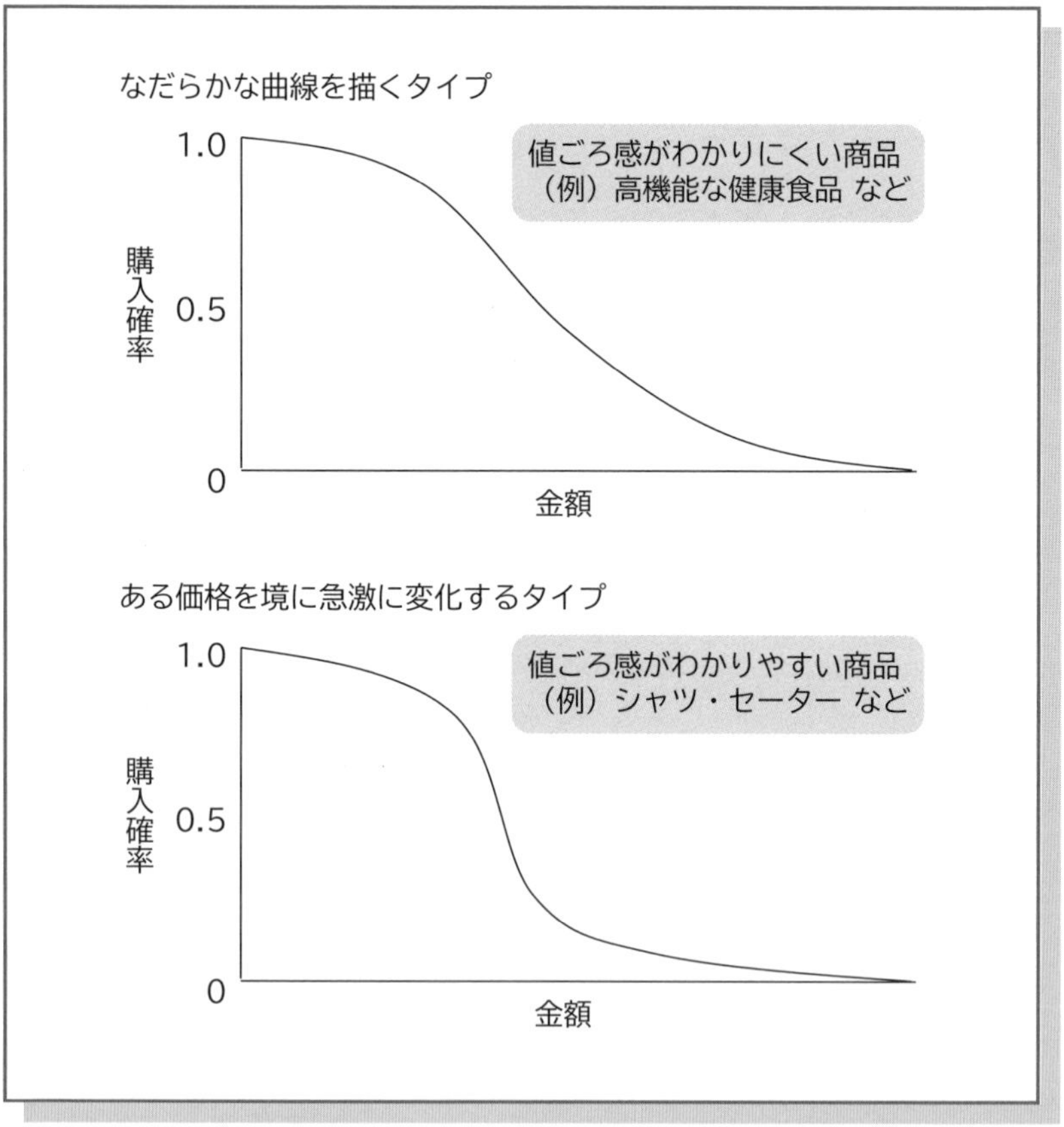

図表６－５

フィジビリティスタディ検証のチェックポイント

□顧客ニーズの仮説は検証できたか？ニーズを的確に把握できたか？

□顧客ニーズを実現するための手段（商品の方式・構造や機能）は適切か？

□顧客ニーズを実現するための仕様に不足はないか？過剰はないか？

□顧客が妥当だと考える商品の価格帯は把握できたか？

□顧客の価格変化に対する反応（需要の価格弾力性）は把握できたか？

STEP5-2：Product（商品）政策の確定

1. 生産ニーズよりも顧客ニーズを優先せよ

フィジビリティスタディの検証を踏まえて、商品政策をブラッシュアップさせていきます。顧客インタビュー・アンケートを踏まえ、最優先で顧客ニーズを商品へ反映させます。商品設計では、つくりやすさ（生産側ニーズ）と顧客が享受できるメリット（顧客ニーズ）の両立を図る必要があります。フィジビリティスタディは、あくまでも顧客ニーズを探り、市場にとって価値がある商品かどうかを検証するために実施します。

一方、プロトタイプづくりは、あくまでも生産側にとってはテスト製造でしかなく、量産体制を整えるためには、つくりやすい設計が必要になってきます。しかし、付加価値の高い商品を世に生み出すためには、つくりやすさよりも顧客ニーズを優先させてマーケティング戦略の実行へ移るべきです。商品の生産プロセスは、経験とともに向上し、最終的にはコストダウンへとつながります。もし、生産に手間がかかるとしたら、その分はコストを計上して価格におり込むことが肝心です。さもなければ、高い売上高総利益率の創出は遠い道となるでしょう。

2. 商品政策の確定ステップ

商品政策を完成させるには、次の内容を確定させていきます。

①標的市場のターゲットとニーズの明確化（顕在・潜在）
②主力商品の仕様の確定（第1次特性・第2次特性・第3次特性）
③競合との差別化要素の明確化（他社が真似できない要素は何か）
④高付加価値化要素の明確化（Payable・Priceを最大化させる要素は何か）
⑤商品コンセプトの明文化
⑥商品名（ネーミング）の決定
⑦商品ミックスの確定（商品の幅・深さ）

図表 6 － 6

Product完成シート

商品名：蛇谷（じゃだに）

商品コンセプト

食事と一緒に楽しみながら継続して摂取することで、知らないうちに健康になっている薬用酒。
がんや生活習慣病の予防と同時に、脳細胞の活性化を図りビジネスや日常生活の充実をもたらす。

主要客層（メインターゲット）

40代以上のお酒が好きなビジネスパーソン（男性）

商品の特徴および差別化要素

第1次特性：甘味を使わずに薬草を飲みやすくすることで、食事と一緒に楽しめる。

第2次特性：地域の伝説になぞらえた生命力の高い土地をイメージ。

第3次特性：売上のうち5％を生物資源を有効活用する団体に寄付し、社会貢献を行う。

■高付加価値要素

・酒を楽しみながら健康になれる。
・がん、糖尿病、といった40代ビジネスパーソンにとって気になる病気に対応している
・脳の活性化による、ビジネスシーンでの効果が期待できる
・山村地区の農家との契約により、畑での栽培ではなく、野生している薬草を手摘み。栽培にはない生命力の高い薬草を使用している
・ハイボールでの飲み方が一番おいしくなるように最適化

■商品ミックス（カテゴリー全体）

← 商品の幅（ライン）→

↑ 商品の深さ（アイテム）↓

スタンダード (500ml)	プレミアム (720ml)	女性向け (500ml)	ノンアルコール (500ml)
スタンダード (720ml)	プレミアム (1升)	女性向け (720ml)	ノンアルコール (720ml)
スタンダード (1.5l)			
スタンダード (1升)			

図表６－７

商品政策のチェックポイント

□標的市場にフィットした商品政策となっているか？

□商品特性は具体化され、競合商品との差別化は明確になっているか？

□Payable（支払可能額）およびPrice（価格）を最大化させるための高付加価値要素を明文化することができているか？

□商品コンセプトは顧客が享受できるメリットとして端的に表現されているか？

□商品名は商品の特徴を端的に表しており、商品イメージを想起できるか？

STEP5-3：Cost（原価）の確定

商品政策が確定したら、商品の原価を確定させます。原価は業種によって異なりますのでそれぞれの違いを整理していきます。

小売業に関しては、原価は販売された商品に対する仕入金額が原価になります。原価を低減させるためには、調達先の絞り込みにより大量に商品を一括で仕入れたり、現金で仕入れたりすることが必要になります。

製造業に関しては、原価は販売された製品に対しての製造コストになります。製造コストは大きく分けて3つに分けることができます。①材料費、②製造にかかわる労務費、③その他費用（工場で発生する減価償却費、水道光熱費等）です。材料費に関しては生産量の増減によって比例するので変動費になります。労務費やその他費用については、生産数量に関わりなく発生するので固定費になります。つまり、生産量が増えれば増えるほど1個当たりの固定費が下がり、1個当たりの原価は低減されるのです。ただし、原価が安くなるということで需要に見合わない製品を大量に生産すると不良在庫となりコストが一気に増加する危険性もあります。

サービス業に関しての原価は、外注費用のみになります。サービス業の場合、自社の人件費ですが、基本的には販売費および一般管理費の扱いになります。原価を低減させるために外注先に無理な値引き要求をして品質低下を招き、顧客の満足低下を引き起こすこともあります。ビジネス倫理上においても外注先に適正な価格でオーダーすることが求められます。

図表６－８

業種別原価のチェックポイント

小売業

□販売された商品に対する仕入金額を把握しているか？

製造業

□製造にかかわる材料費、労務費、その他（減価償却費、水道光熱費等）を把握しているか？

サービス業

□外注費用を把握しているか？

STEP5-4：Price（価格）政策の確定

Product（商品）政策およびCost（原価）が確定したら、Price（価格）政策も確定させます。プロフィットゴール・マーケティングでは、利益の最大化を図るために、その手段としてＶＧＩの最大化を達成させることが重要です。顧客の価格満足度指数（Payable/Price）と企業利益指数（Price/Cost）がWin-Winの関係となるためには、このPriceの決定がプロフィットゴール・マーケティングの成否の鍵を握るといっても過言ではありません。安易な意思決定ではなく、最重要プロセスであると認識し、慎重な検討が必要です。

まず、価格設定で重要視しなければならないことは、対象とする標的顧客の中で、自商品のコアなファンになってもらいたい顧客が享受する価値です。これは、Ｅ・Ｍ・ロジャーズが提唱した「革新性に基づいた採用者カテゴリー」が参考になります。

ロジャーズは、商品の普及モデルのヒントとして、革新性を採用するカテゴリーについて平均と標準偏差を用いて次の５つに分類しました。

①イノベータ（2・5％）…新アイデアへの関心が高く、冒険的である。複雑な技術知識を活用し、普及活動においては、ゲートキーパーとして重要な役割を担う。

②初期採用者（13・5％）…周囲から尊敬され、新アイデアを上手に利用する存在として、コミュニケーション・ネットワークの中心である。オピニオンリーダー。

③初期多数派（34％）…イノベーションを採用するには慎重であり、意思決定が長期的になる。初期採用者と後期多数派のつなぎ役としての位置づけで、重要な存在。

④後期多数派（34％）…イノベーションには懐疑的であり、不確実性がないという安心感を持ってから採用する。後期多数派が採用する頃には、社会はイノベーションに対して好意的となっている。

⑤ラガード（16％）…イノベーションに対して懐疑的で、イノベーションを最後に採用する。

図表6－9

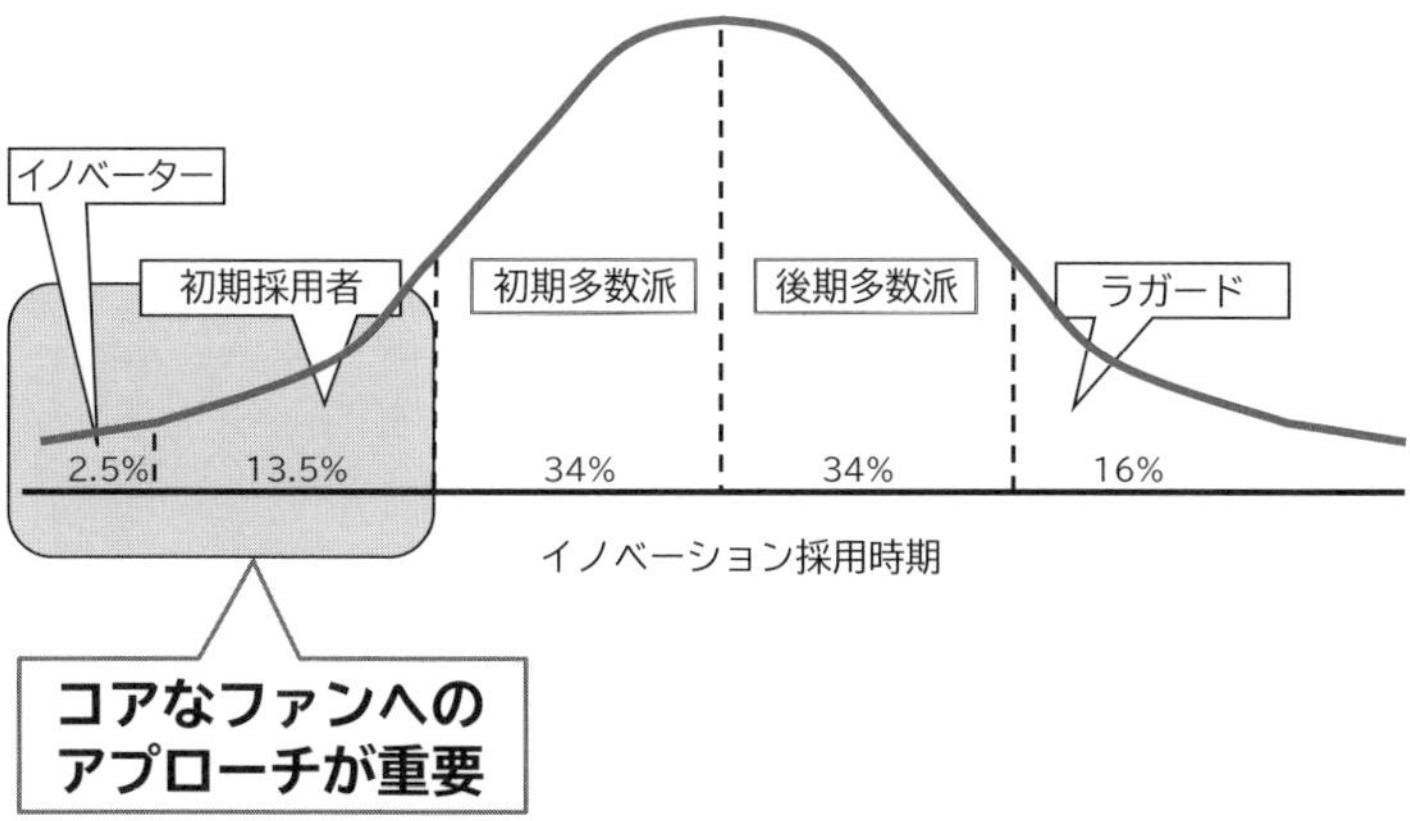

E.M・ロジャーズ『イノベーションの普及』翔泳社（2007）をもとに作成

ロジャーズの「イノベーションの普及」を踏まえると、市場において高付加価値商品であり、競合他社よりも価格が高い商品の場合、まずはイノベータと初期採用者に浸透しなければ、市場浸透は見込めないということになります。もちろん売上拡大には、初期多数派、後期多数派に採用されることが不可欠ですが、イノベータや初期採用者とはニーズが異なるため、価格設定の段階では、まずイノベータ、初期採用者のニーズに合わせる必要があるといえます。まずは、この2・5％と13・5％を合わせた16％までの普及を目指し、その後、新たな品揃えと価格政策を見直すという意思決定が必要になってくるのです。

フィジビリティスタディの検証によって、顧客ニーズ、商品仕様、Payableが確定しました。これらの結果を踏まえて価格を決定します。顧客は類似する商品や同じ機能を持つ競合他社商品の価格を比較対象として参考にする場合があるため、価格は顧客の視点だけでなく競合他社の商品価格を考慮する必要があります。また、決定した価格で自社として利益が出せなければプロフィットゴールは実現できません。確定したコストにプロフィットゴールとして設定した売上総利益を加えた自社視点での価格も当然考慮する必要があります。

そのため、ここでは顧客、競合、自社の3つの視点を熟慮して価格を決定することになります。

1. 価格決定のプロセス（図表6－10）

①ＱＦＤの見直しを通じて、「顧客ニーズ」と「商品仕様」を確定する

②自社視点価格を算出する

・商品仕様から見積原価を算出し、商品コスト（製造原価）を確定する。

・商品コスト（製造原価）に目標とする利益（売上総利益）を加える。売上総利益はプロフィットゴールとして設定した売上高総利益率（売上総利益／価格）を用いる。［例：見積原価150円で売上高総利益率50％の場合、150円÷（1－50/100）＝300円］

③顧客視点価格（Payable）を算出する

・顧客ニーズと商品仕様から、標的顧客

図表６－10　価格決定のプロセス

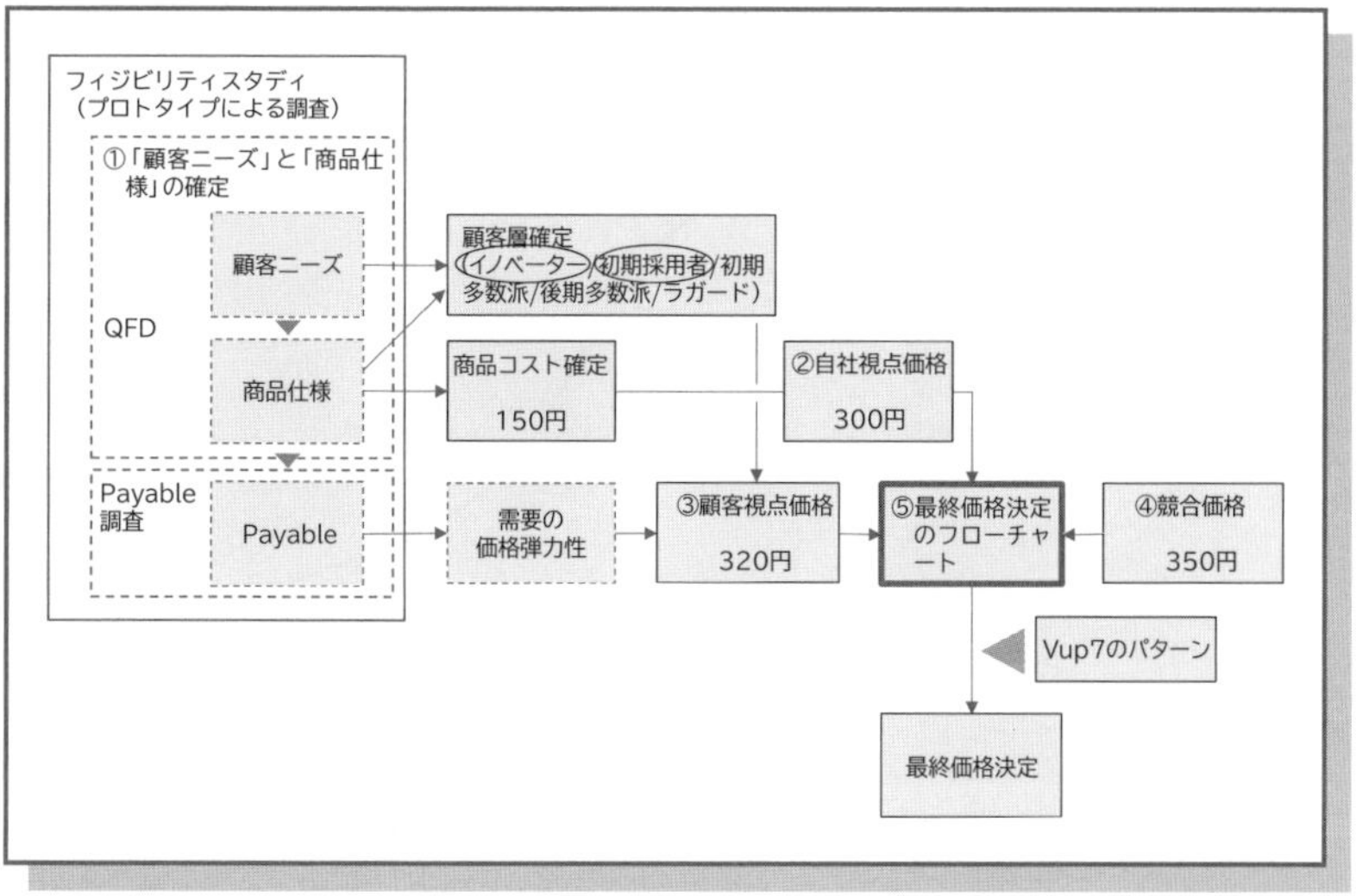

（イノベータ、初期採用者、初期多数派、後期多数派、ラガード）を確定する。
・標的顧客の割合（イノベータ2・5%、初期採用者13・5%、初期多数派34%、後期多数派34%、ラガード16%）を、需要の価格弾力性グラフの購入確率値とみなし、グラフの曲線から顧客視点価格を導く。参考の例では、ターゲットをイノベータと初期採用者の両方に定めているため、購入確率の値は、2・5%＋13・5%で16%となり、グラフより縦軸の16%に相当する金額値を読み取ると顧客視点価格は320円となる。

④競合視点価格を算出する
・業界の売れ筋商品の価格や業界の平均値などで競合視点価格を算出する。

⑤3Cの観点で価格関係を判定する

（参考）標的顧客から顧客視点価格を決める

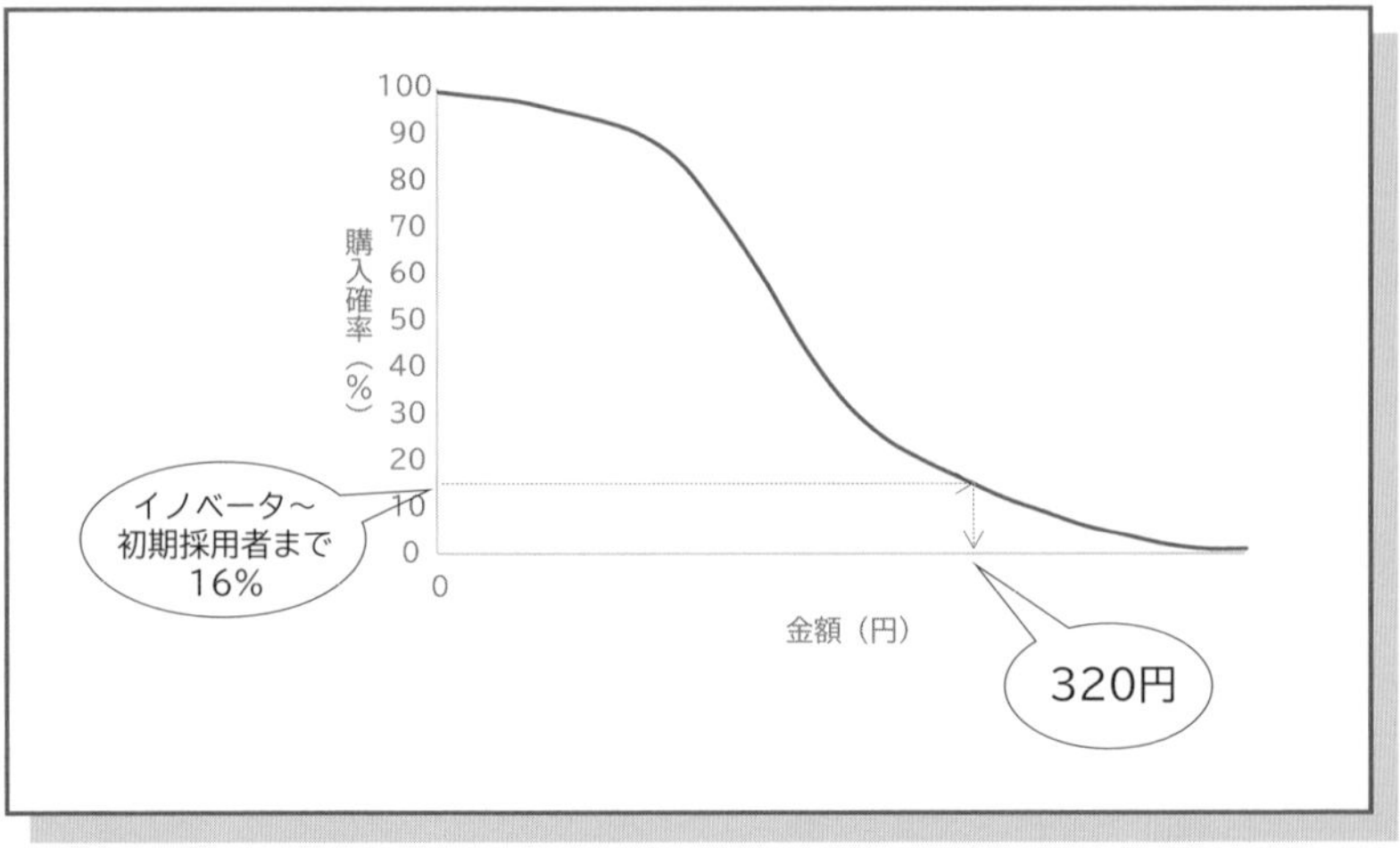

・自社視点、顧客視点、競合視点の3つの価格を比較し、図表6－11のフローチャートを参考にどれに当てはまるか確認する。判定されたケースをもとにVup7の7パターンを参考にして最終的に価格を決定する。

つまり、最終的な価格の意思決定は、自社視点、顧客視点、競合視点の3つの価格に、Vup7の7パターンを戦略的要素として加味し、価格を決定することになります。この3つの価格のうち、自社視点価格と顧客視点価格を比較した時、顧客視点価格は自社視点の価格を上回っていなければなりません。顧客視点価格が自社視点の価格を下回るということは、プロフィットゴールを達成する価格で顧客が購入することを期待できないためです。

2. 最終価格決定のフローチャート

【ケース1】「顧客視点価格 ∨ 自社視点価格 ∨ 競合価格」の場合

顧客視点価格が自社視点価格を上回り、自社視点価格が競合価格を上回っていることから、競合よりも商品が魅力的であることが想定される理想的なケースである。

このケースでは基本的に、自社視点価格から顧客視点価格の間で価格設定を行う。競合価格よりも高価格に設定することになるため、Vup7では、Priceを上げるパターン①積極的イノベーション型、パターン②バリュー訴求型、パターン③バリュー浸透型のいずれかに該当する。パターン②・③はパターン①の発展系であるため、パターン①のコスト構造が重要になってくる。というのはこのコスト構造が将来的に規模の経済を獲得することができなければ、理論上パターン②③に発展することができないからである。

そして、競合商品との差別化要素、競争優位性は何であるかを確認する。もし競合との差別化要素・競争優位性が確認できなければ、自社視点価格よりも価格を下げざるを得ない状況になるため、その場合はパターン④プライスキープ型を検討する。

【ケース2】「競合価格 > 顧客視点価格 > 自社視点価格」の場合

顧客視点価格が自社視点価格を上回り、競合価格が顧客視点価格を上回っているため、価格面において優位に立てることが想定されるケースである。このケースでは基本的に、自社視点価格から顧客視点価格の間で価格設定を行うとともに、販売チャネル政策・プロモーション政策も含めて一気にシェアを奪い取る営業戦略を検討する。

Vup7では、Priceをダウンさせるパターン⑤ハイコスパ実現型、パターン⑥プライスダウン型、パターン⑦ダウングレード型のいずれかに該当するが、競合がハイスペックな商品を提供している可能性があり、競合の商品仕様を確認した上で競争優位性が認められる場合はパターン⑤、それ以外はパターン⑥⑦の選択が望ましい。

自社商品の機能・性能とともに価格面のメリットについて顧客に強く訴求する必要がある。

図表6－11　最終価格決定のフローチャート

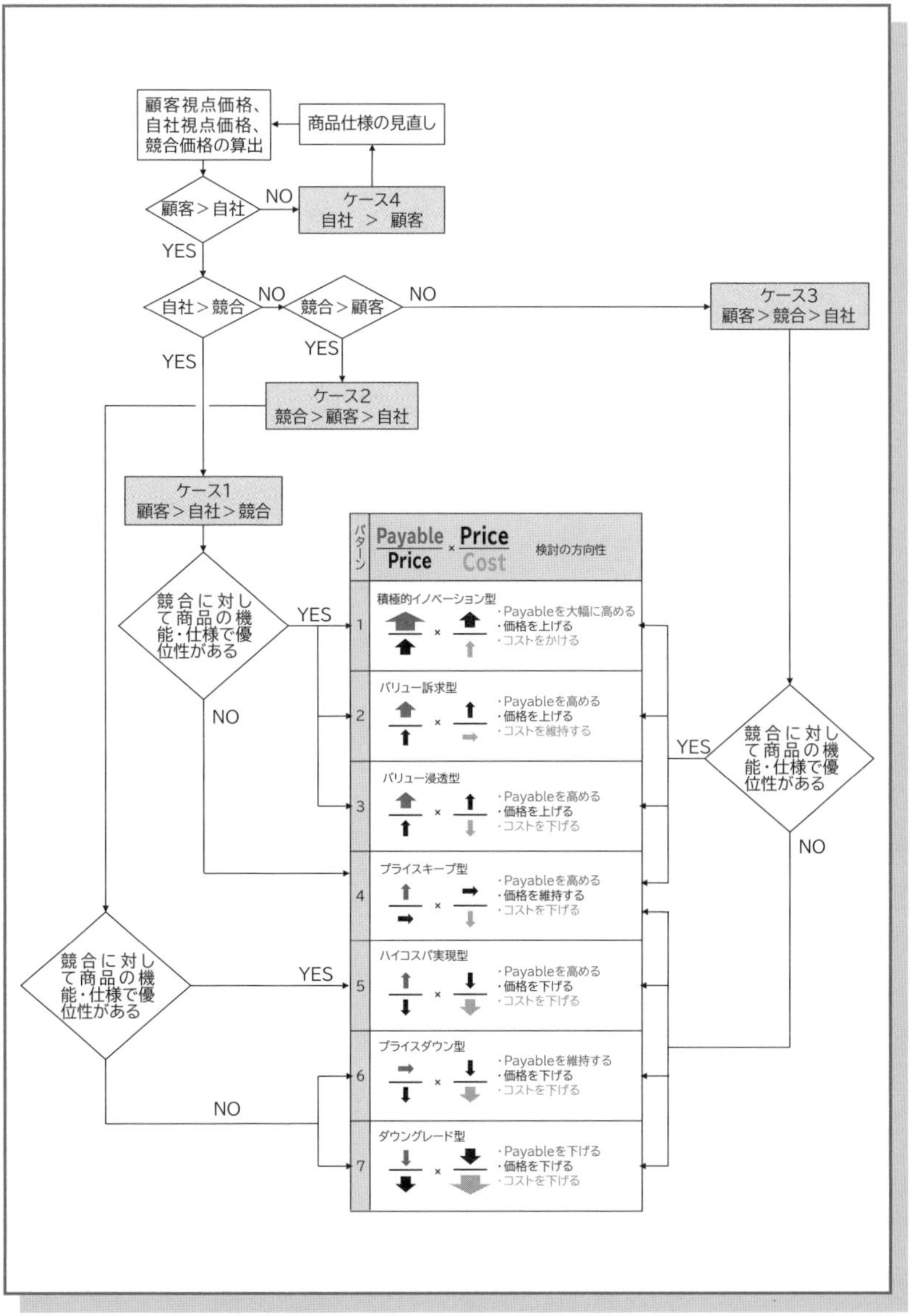

【ケース3】「顧客視点価格＞競合価格＞自社視点価格」の場合

顧客視点価格が自社視点価格を上回り、競合価格が自社視点価格を上回っていることから、ケース2と同様に価格面において優位に立てるとともに、競合価格から顧客視点価格まで価格設定の幅が広いケースである。

このケースでは、競合の商品よりも商品仕様の面で優位性があると想定される場合は、競合価格から顧客視点価格の間で価格設定を行うことが望ましく、Ｖｕｐ７のパターン①～④のいずれかに該当する。競合との商品仕様に差がない場合は、自社視点価格から競合価格の間で価格設定をすることになるため、パターン④～⑦のいずれかに該当する。

このケースも競合商品と比較した時の優位性や製品・サービスの持つ価値・魅力を改めて確認しておくことが重要である。

【ケース4】「自社視点価格＞顧客視点価格」の場合　＊競合価格は関係せず

顧客視点価格が自社価格を下回り、プロフィットゴールを実現する価格では顧客に受け入れられないことが想定されるケースである。そのため、この場合は再度Payableを高める商品仕様の見直しを行うか、自社視点の価格を下げるためのコストダウンの検討を行う。その際にはケース1～3のうちどのケースを目指すかを想定して行う。

以上のように、Priceを決定することはＶｕｐ７を決定することと同義になります。そのため、実際には一度でPriceが決まることはほとんどありません。何度も顧客ニーズ、商品仕様、PayableとVup7のパターンを繰り返し確認・検討するプロセスを経て、成功確率を高めた上で、最後は決断することになります。

これらの検討を通じて最終的にPriceを確定します。その際のチェックポイントは、5つあります(図表6－12)。特に市場導入後に安易に値下げをせざるを得ないような価格設定になっていないかの確認は重要です。市場導入後に「値下げしないと売れない」状態になってしまってはプロフィットゴールの実現は困難を極めます。そうならないために、この段階であらためて商品コンセプトの修正や変更もいとわない姿勢が求められます。

3. 部分最適から全体最適へ

これまでのステップを踏むことでVup7のパターンが選択され、販売価格、売上原価が決まり、製品・サービスそのものの部分利益である売上総利益の金額が確保されることになります。当然この段階で赤字であれば別のアイデアを出す必要がありますが、十分に売上総利益が把握されたからといってもこの段階ではまだ安心してはいけません。コンサルティングや研修の現場でさまざま企業にヒアリングを行うと、商品企画案を検討する時のアイデア出しだけで損益シミュレーションを行わずプロジェクトがスタートしてしまっている場合や、損益シミュレーションを行っている場合でも売上総利益の算定までで終わってしまっている場合も見受けられます。

売上総利益が十分に出る商品企画案ができたとしても、それを売るためにかかる販売費・一般管理費を含めた費用を十分に検討し、事業全体の利益である営業利益（ＫＧＩ）を十分に出すことができるかどうかを事前シミュレートする必要があります。

価値の高い商品企画案により売上総利益を十分に出すことができるとしても、認知度を上げるために必要な広告宣伝費や商品機能をしっかりと伝えるための販売員の人件費がかかり過ぎてしまうと、営業利益が赤字になることもあります。

部分利益である売上総利益を出すだけではなく、事業全体利益である営業利益を十分に出すためにも営業戦略の立案をしっかりと行っていく必要があります。

図表6－12

Price確定のチェックポイント

□Payable調査を踏まえた価格設定となっているか？

□革新性が高い商品の場合、イノベータ、初期採用者を想定した価格を設定しているか？

□顧客が競合商品と比較した場合、商品の付加価値を感じ取ってもらえる価格設定であるか？

□市場導入後に安易な価格変更をしなくて済む価格設定となっているか？

□今後、価格満足度指数（特にPayable）が上昇する余地がある価格設定となっているか？

第7章

営業戦略の立案（STEP6）

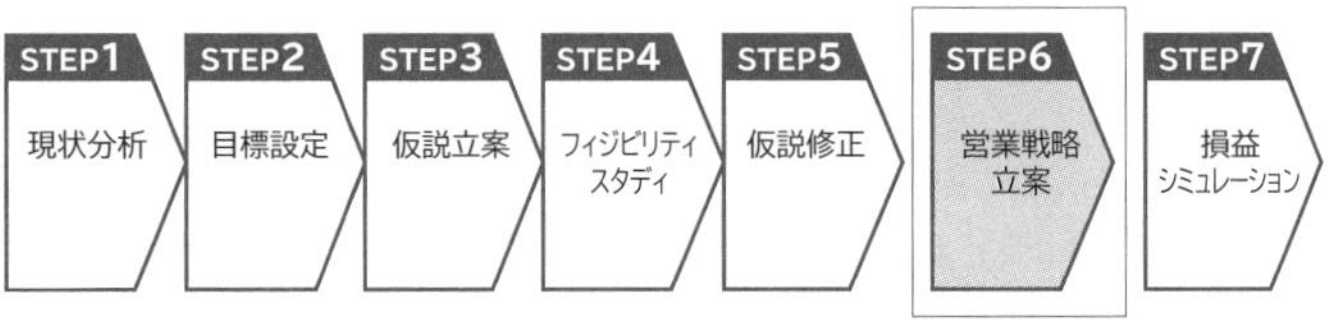

STEP6：営業戦略の立案方法

客観的なフィジビリティスタディの検証を踏まえ、商品・価格政策をブラッシュアップした後に、「STEP6 営業戦略の立案」へ入ります。すなわち4Pの残り2つのPである販売チャネル政策とプロモーション政策の立案です。つまり、どの販売チャネルでどのように販売促進をしていくかを検討します。商品・価格政策では、VGIのPrice（価格）およびCost（商品原価）を定めました。販売チャネル政策およびプロモーション政策では、広告宣伝費や販売員の人件費など多額の販売費が発生します。そのため、営業戦略はプロフィットゴールに大きく影響してきます。費用対効果が最大限に発揮されるような政策を練らなければなりません。

この際、上位方針やマーケットゴール、VGIの方向性、標的市場など、これまで設定してきた仮説との整合性が取れているかを十分に確認しながら進める必要があります。また、4P（Product・Price・Place・Promotion）の統合化により、マーケティング・ミックスの効果を最大限に発揮させることが肝心です。この段階になると組織内のステークホルダーも増えてきます。特に営業戦略立案に至っては、商品開発部門と営業部門そして生産部門との合意形成が必要不可欠です。コミュニケーションの量と質のバランスを取りながら進めましょう。

図表７－１　営業戦略立案のフロー

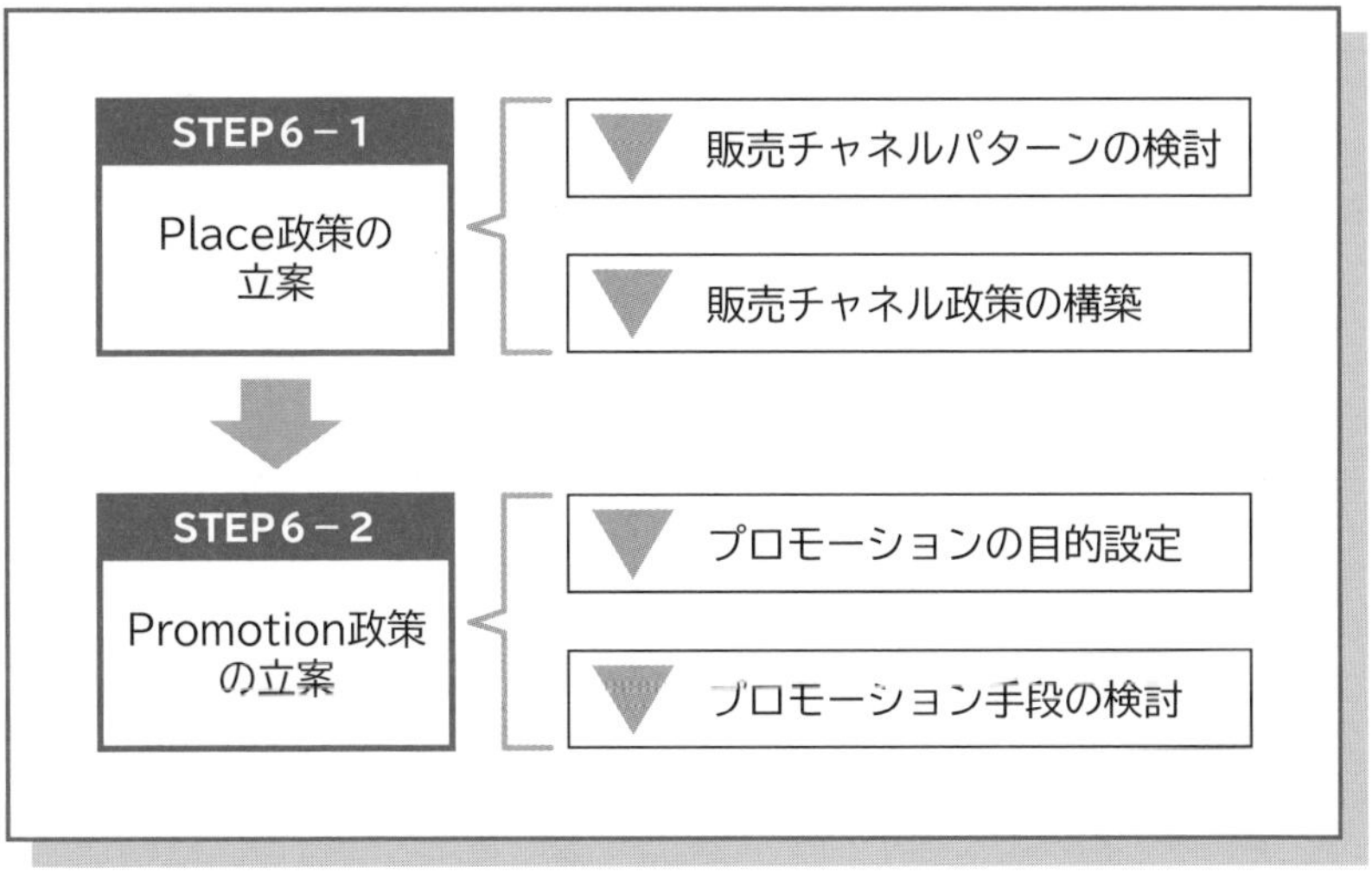

STEP6-1：Place 政策の立案

Place 政策を検討する前に、その考え方を押さえておきましょう。

マーケティングにおける Place の概念は広く、国レベルで捉えた流通機構、産業レベルと捉えた流通チャネル、個別企業レベルで捉えた販売チャネルの3つのチャネルがありますが、現在ではグローバルへと範囲が拡大し、複雑になってきています。プロフィットゴール・マーケティングでは、自社の利益創出を最大化することが目的のため、狭義の販売チャネルを検討することが該当します。ミクロ的な概念ですが、前述のように Place は複雑化しており、そのため国家や地域の文化・風土や業界の仕組みなど様々な要因を踏まえる必要があります。特にＶＧＩの重要項目である Price（価格）を維持するためには、旧来の業界の慣習や取引先との条件交渉など様々な制約をブレイクスルーするための視点を常に持つことが求められます。

1. 販売チャネルのパターン

消費財における販売チャネルのメンバーは主に、生産者・卸売業者・小売業者など各段階の企業から成り立っていることが多く、各メンバーがお互いの利益を優先するあまり様々なコンフリクト（葛藤）が生まれがちです。そこで、販売チャネルにおける各メンバーの機能をシステム化して、チャネルの効率化を図ることが必要にもなります。これを垂直的マーケティング・システムと呼びます。また、昨今では、自社のホームページ上で顧客を誘引し、販売からアフターサービスまで提供する自社完結型の販売チャンネルも多く生まれてきています。販売チャネル政策を検討する際には、コストを抑制し、かつ価格を維持しながら販売数を最大化させ得るチャネル体制を構築することが必要です。

ここでは、販売チャネルのパターンを確認することにします。

■伝統的マーケティング・チャネル

メーカー（M）、1次卸売業者（W1）、2次卸売業者（W2）、小売業者（R）、消費者（C）と各メンバーが独立しているチャネルである。メンバーは、チャネル上における各ポジションの機能を果たし、その対価としてマージン（利益）を上乗せするため、最終消費者の販売価格は高くなる。また、各メンバーが利益確保を優先したいため、コンフリクトが生じやすい。

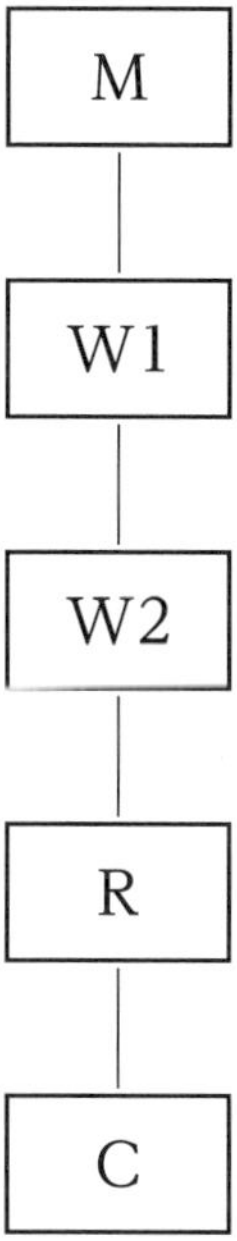

■企業型の垂直的マーケティング・システム

販売チャネルが一企業で完結しており、本社、支店、営業所という一連の流れを通じて営業活動を行うパターンである。卸売部門や小売部門を販売会社として設立する場合もある。伝統的マーケティング・システムと異なり、マージンが内部留保できるが、各チャネルを自組織内に置くため固定費が発生する。一方、情報統制ならびに販売価格のコントロール力は絶大である。

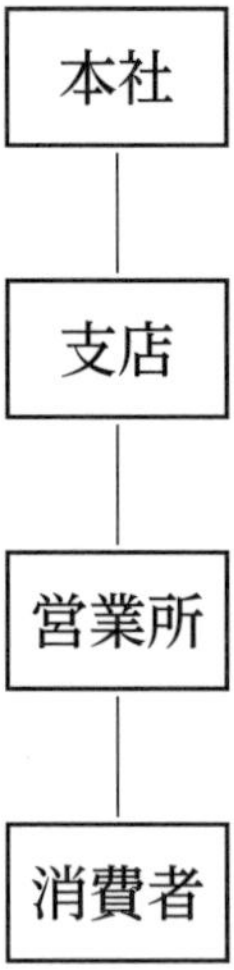

■契約型の垂直的マーケティング・システム

これは複数の企業を契約によってシステム化したものであり、生産者や卸売業者が主催となって構築するボランタリーチェーンやフランチャイザー（契約本部）がフランチャイジー（契約加盟店）を契約によってコントロールフランチャイズチェーンがある。これらは短期間で多くの販売先を確保できるというメリットがある。

■ECシステム

インターネット上に自社店舗を開設し、消費者と直接やり取りするシステムである。自社のホームページの管理が必要であるが、マージンはすべて自社留保される。

一方、デジタルプラットフォームであるECモールのショップで販売するパターンもあるが、この場合、ECモール主催者へマージンを支払わなければならない。

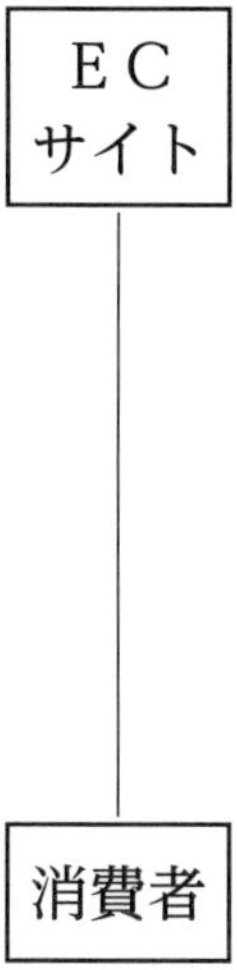

2. 販売チャネル政策の構築

販売チャネル政策を検討する上では、販売チャネルパターンおよび第3章で述べた販売チャネルの基本形態（排他的・選択的・開放的）を踏まえて、自社のプロフィットゴールとマーケットゴールを達成させる販売チャネルを構築します。特に留意すべきは、標的市場のイノベータと初期採用者へのアプローチ方法です。販売チャネルを多く持ち、商品の認知度を高めながら多くの顧客へアプローチすることは、売上拡大につながります。しかし、プロフィットゴールを達成させるためには、まずVGIにおけるPayableを高め続けることと、Priceを維持もしくは高めることが必要です。そのためには、コアファンとなるイノベータ、初期採用者の支持が必要不可欠です。この2つの顧客カテゴリーへ的確にアプローチできる販売チャネルを選択することがポイントになります。

例えば、高機能ミネラルウォーターの商品開発を行った場合、ミネラル分が通常商品よりも豊富で、顧客にとってより健康になるというキャッチコピーで売り出すケースを考えます。価格は500mlで200円、2ℓは500円で決定したとします（一般商品は500mlで100円、2ℓは200円と設定）。商品および価格の差別化ができていると判断し、顧客がミネラルウォーターを購入する確率が高いスーパーマーケットやコンビニエンスストアで販売チャネルを構築した場合は、どうでしょうか。確かに、イノベータおよび初期採用者が商品を目にする機会は増えるかもしれませんが、革新性を求める顧客たちが一般的な商材に囲まれた当該商品を見て、購買の動機づけが起きるでしょうか。少なからず検討の余地があるかもしれませんが、購買シーンを考えると日常生活の一片に過ぎず、顧客にとってのインパクトは希薄でしょう。

健康をキーワードに訴求するのであれば、顧客の日常の買い物活動における接点ではなく、健康を増進するシーンを選ぶべきです。例えば、会員制のフィットネスクラブや有機野菜などを品揃えした自然食品ショップ、美容系施設なども候補として挙げられるでしょう。そこで、販売先へ詳しい商品情報を提供し、販売員と顧客のコミュニケーションが生まれるよう、働きかけることが重要です。

図表７－２

Place政策立案シート（例）薬養酒（蛇谷）

■ターゲットとの接点

主要客層（メインターゲット）

40代以上のお酒が好きなビジネスパーソン（男性）

主要顧客との接点が多く期待できるシーン

外食産業（居酒屋・バー）
小売店（酒販店・コンビニ・スーパーなどお酒の取扱店）
航空機のファーストクラス

■販売チャネル政策の特徴

販売チャネルパターン

伝統的　企業型　契約型　ＥＣ

販売チャネルの基本形態

排他的　選択的　開放的

リアルショップの販売チャネル検討
・直営 or 流通業者
　知人が経営している居酒屋
・立地
　市街地　路面店
・敷地・スペース
　20坪
・店舗施設のコンセプト
　地産地消で地元を元気にする
・店舗数
　現状１店舗

ネットショップの販売チャネル検討
・自社 or プラットフォーマー
　自社サイトのみ
・競合商品の有無と価格調査
　ネットでは10種類（1000～5000円）
・取扱い商品数
　1アイテムから始め3アイテムまで拡大予定
・サイトで発信したいコンセプト
　脳活性化300％
・消費者評価の仕組みの有無
　SNSとの連動により口コミを期待する

図表７－３

Place政策のチェックポイント

□イノベータ、初期採用者へアプローチできるチャネル政策を選択できているか？

□販売チャネル管理（情報管理・価格維持など）がしやすいチャネルを選択できているか？

□投資コスト・販売チャネルの維持コストは適正であるか？

□段階的に売上高を最大化させることが可能な販売チャネル政策となっているか？

□販売チャネルの変更が迅速にできる政策になっているか？

STEP6-2：Promotion 政策の立案

マーケティング・ミックスの最後の検討は、プロモーション政策です。いかに価値のある商品をつくっても顧客へ正しい情報が伝わらなければ、購買へは結びつきません。すなわち、顧客との適切なコミュニケーションを成立させることがプロモーション政策成功の秘訣です。

1. プロモーション政策の目的設定

そのためには、プロモーション政策を検討する際に、その目的を設定しなければなりません。何の脈絡もなく広告をしたり、販売員の教育をしても、効果が上がるとは限らないからです。仕事の基本でもある合目的的なアプローチがプロモーションの基本となります。また、手段をいくつか複合的に組み合わせることをプロモーション・ミックスと呼び、個々に手段を講じるよりもシナジー（相乗効果）を発揮して費用対効果を最大限に発揮させることがプロフィットゴールを達成させる上で重要です。

では、プロモーションの目的はどのように設定すればよいのでしょうか？それは、消費者の購買行動をもとに考える必要があります。そこで参考にしたいのが消費者購買行動モデルです。

■ＡＩＤＭＡモデル

まず、代表的なモデルがＡＩＤＭＡモデルです。これは最もポピュラーで、多くの広告立案や営業担当者育成で用いられています。これは顧客が商品を知ってから購入までのプロセスに焦点を当てたもので、まず消費者は商品にAttention（注目）した上でInterest（興味）を示し、Desire（欲求）を持った上で、Memory（記憶や比較）をしながらAction（行動）へ移るというものです。このプロセスにそって、プロモーションの目的を設定し、効果的な手段を選択します。

■AISASモデル

また、インターネットの普及によって、新たな消費者購買行動モデルとして電通が提唱しているAISASモデルがあります。これは、購買までのプロセスのみならず購買後のプロセスにも着目したもので、Share（共有）を効果的にするためにプロモーションを検討する必要があるという、ソーシャルネットワーキングサービスが台頭してきた現代らしいモデルです。

■SAISaLaDAモデル

さらに、ネットワーク社会における消費者の購買心理に着目したモデルが、SAISaLaDA（サイサラダ）モデルです。これは産業能率大学総合研究所（齋藤隆行）が提唱しています（図表7－4）。

Search（検索）……情報があふれていて日頃から検索状態にある

Attention（注目）……検索中に気になる言葉や画像から製品・サービスに注目する

Imagination（想像）……注目した商品について利用イメージを想像する

Sense assent（感覚的納得）……購入するか否かについて感覚的に納得感を得る

Logical assent（論理的納得）……購入するか否かについて論理的に納得感を得る

Decision（決断）……感覚面と論理面の両方で納得できたら購入の決断をする

Action（購買）……購買行動を起こす

このモデルのポイントは、顧客が購買の決断をする際には、Sense assent（感覚的納得）とLogical assent（論理的納得）の2側面があることを特徴として表したことです。特にVGIを最大化させるためには、顧客に商品の価値を価格以上に感じ取ってもらう必要があります。これがPayableの最大化です。顧客は商品に対して価格や仕様など顧客自身が論理的に判断しますが、商品を購入した後の利用シーンやアフターサービスなど、目に見えない価値（感覚的納得）も含め総合的に購入の意思決定をします。VGIを最大化させるためには、この目に見えない価値をいかに訴求するかも重要になってくる要素です。この点をプロモーションの目的として定め、顧客とのコミュニケーションを構築することが必要です。

図表７－４　プロモーション目的を検討する上で活用できる消費者購買モデル

■SAISaLaDA（サイサラダ）モデル

ネットワーク社会における消費者の購買意思決定について、購買心理に着目したモデル。顧客が購買の決断をする際には、Sense assent（感覚的納得）とLogical　assent（論理的納得）の２側面があることを特徴として表したもの。産業能率大学総合研究所（齋藤隆行）が提唱。

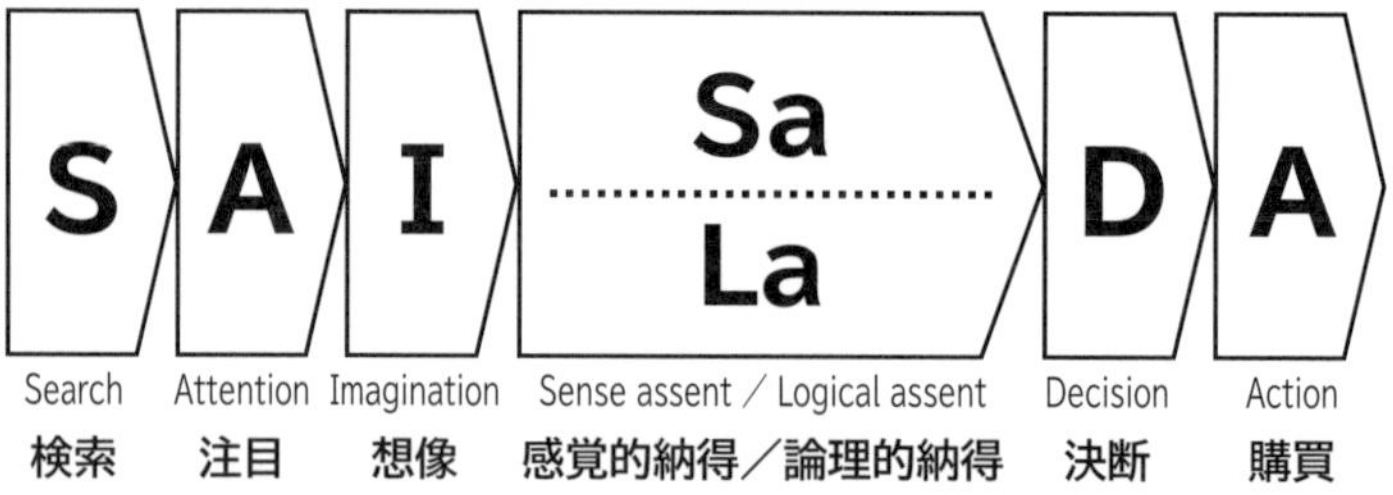

Search（検索）……………情報があふれていて日頃から検索状態にある

Attention（注目）…………検索中に気になる言葉や画像から製品・サービスに注目する

Imagination（想像）………注目した商品について利用イメージを想像する

Sense assent（感覚的納得）……購入するか否かについて感覚的に納得感を得る

Logical assent（論理的納得）……購入するか否かについて論理的に納得感を得る

Decision（決断）……………感覚面と論理面の両方で納得できたら購入意思決定の決断をする

Action（購買）………………購買行動を起こす

2. プロモーション手段の選択

プロモーションの目的を定めると同時にプロモーション手段を検討します。プロモーションとは広義では販売促進と呼ばれますが、具体的にプロモーションの手段は図表7－5のように5つに分けることができます。目的に見合った手段を選択し、その効果と費用を算出した上で、優先順位を決定し、実行フェーズへ移ります。プロモーションは多岐にわたり、かつ費用がかかります。特にマスメディアを活用した広告費は、費用が莫大でも想定以上に見返りがないケースもあります。様々なプロモーションを検討し、それぞれの手段がシナジー（相乗効果）を発揮するよう、多面的評価を行うことが大切です。

まずは、対象とする顧客ターゲットを確認します。次に、消費者購買行動を活用してどの購買プロセスに働きかけるかを設定します。これがプロモーション目的の設定です。SAISaLaDAモデルを活用する場合、Attention（注目）に働きかけることを目的とするならば、顧客へのメルマガ発信の件名に、顧客が気になる言葉やキーワードを盛り込みます。Sa（感覚的納得）への働きかけをするならば、動画や音楽など活用し、感情へ働きかける手段を検討します。

そして、それぞれの手段を検討したら、効果と費用について5点法などで定量評価を行います。効果については、プロモーション手段を活用することによる期待販売数を見積もります。この販売見積もりはとても難しく、見積もりと実績が完全に一致することは、ほとんどありえません。しかし、プロモーションの費用対効果の検証を行う際に、販売目標値を設定しておかなければ検証が行えません

図表7－5　プロモーション政策の内容

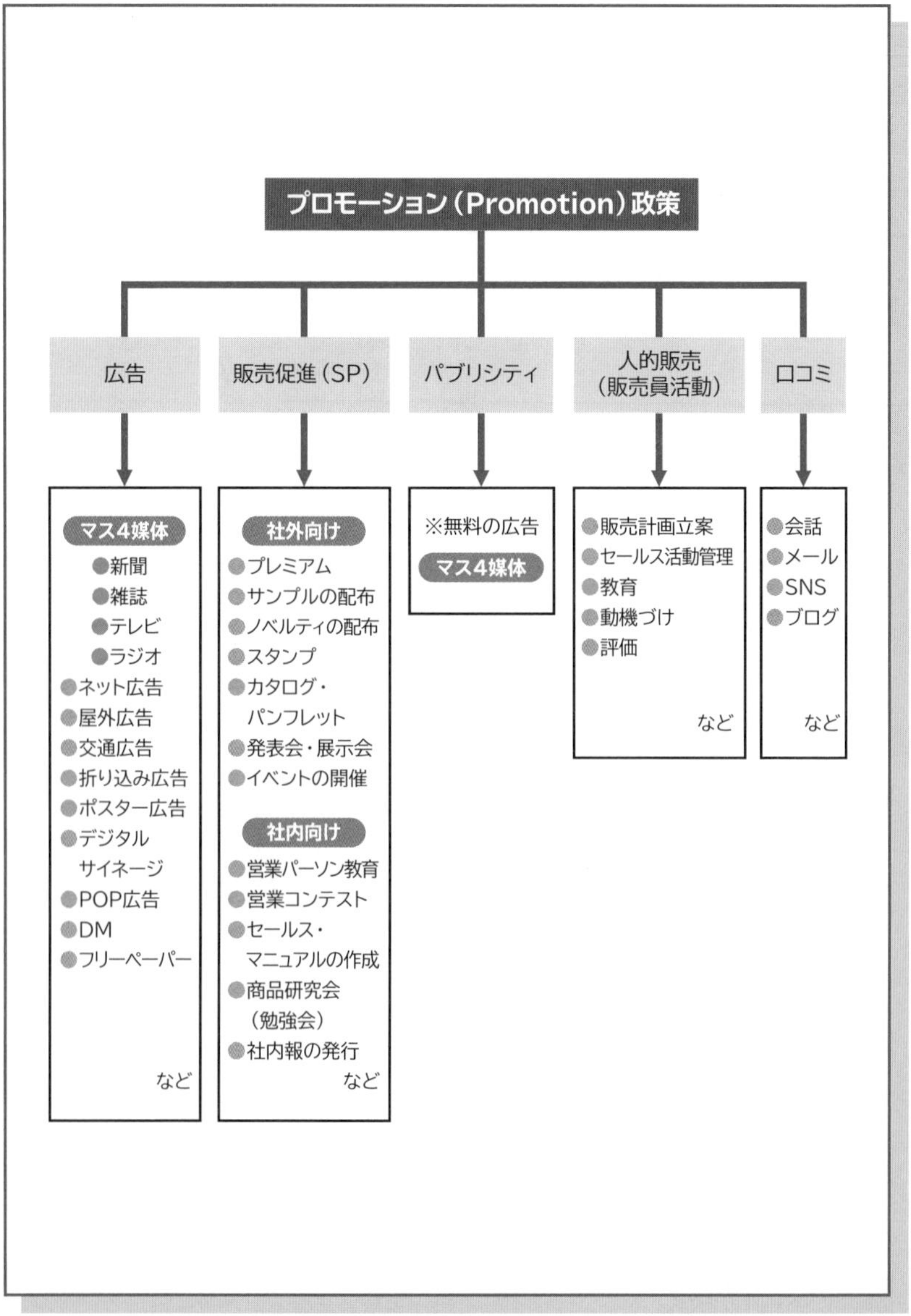

プロモーション（Promotion）政策
広告
販売促進（SP）
パブリシティ
人的販売
（販売員活動）
口コミ
マス4媒体
●新聞
●雑誌
●テレビ
●ラジオ
●ネット広告
●屋外広告
●交通広告
●折り込み広告
●ポスター広告
●デジタルサイネージ
●POP広告
●DM
●フリーペーパー
など
社外向け
●プレミアム
●サンプルの配布
●ノベルティの配布
●スタンプ
●カタログ・パンフレット
●発表会・展示会
●イベントの開催
社内向け
●営業パーソン教育
●営業コンテスト
●セールス・マニュアルの作成
●商品研究会（勉強会）
●社内報の発行
など
※無料の広告
マス4媒体
●販売計画立案
●セールス活動管理
●教育
●動機づけ
●評価
など
●会話
●メール
●SNS
●ブログ
など

で、仮設定でもよいので販売数を見積もる必要があります。費用については、広告代理店へ見積もり依頼などをして、実際の金額をもとに定量評価を行います。高費用であれば評価数値は低くし、低費用であれば評価数値を高くします。これらの効果と費用の定量評価を合計し、プロモーション手段毎に順位づけを行い、プロモーション手段の実効策について意思決定を行います。

図表７－６　プロモーション検討のポイント

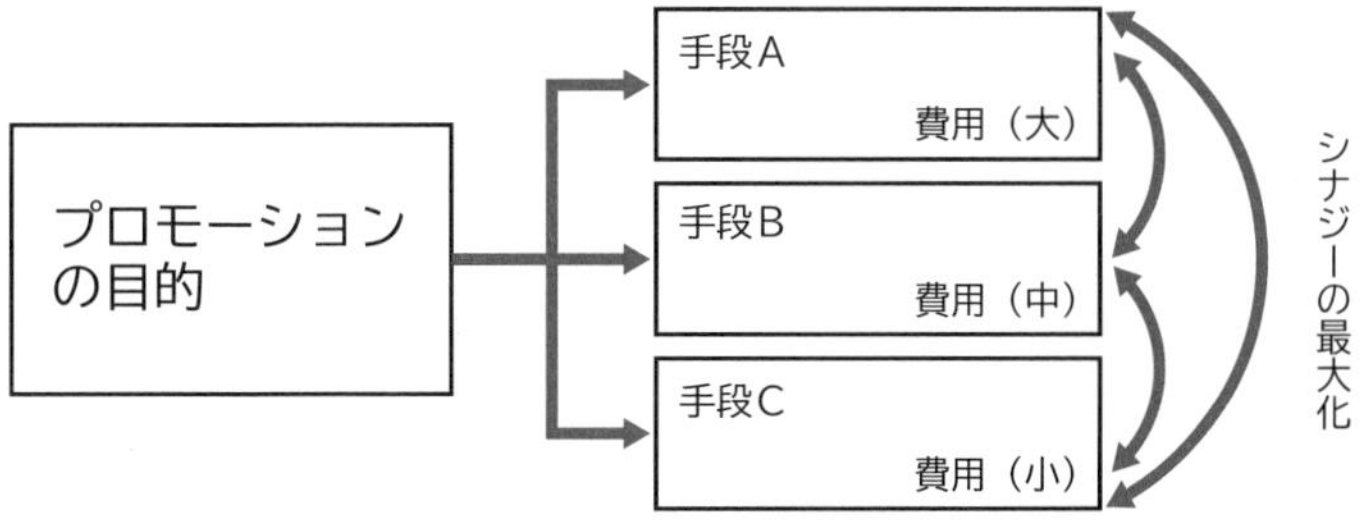

目的を明確化させた上で、費用対効果を最大化させるプロモーション・ミックスの検討が大切

図表７－７

プロモーション政策立案シート（例）薬養酒（蛇谷）

主要客層（メインターゲット）

40代以上のお酒が好きなビジネスパーソン（男性）

プロモーションの目的

京都発祥の薬養酒、付加価値の高さを訴求

知る人ぞ知る商品であることを取扱い居酒屋および口コミで獲得していく

プロモーション手段の計画

	消費者を動機づけるねらい	プロモーションの内容	プロモーション手段	効果（点数）／売上期待（個数）	コスト（点数）／発生費用（額）	総合得点	優先順位
広告	注目(A) 興味(I) 決断(D)	商品紹介 動画サイト 直販	HP 開設	6／300	4／20万	10	3
販売促進	興味(I) 決断(D)	商品紹介 HPアドレス	名刺 カード	1／50	8／5万	9	4
人的販売	論理的納得(La) 決断(D)	試飲会 座談会 販売会	飲食店（限定）	10／500	3／50万	13	1
口コミ	検索(S) 心理的納得(Sa)	知人 口コミ	各種 SNS	2／100	10／0	12	2
合計				950	75万	／	／

図表７－８

Promotion政策のチェックポイント

□プロモーションの目的を消費者購買行動モデルを活用して設定できているか？

□プロモーションの手段は目的に合致しており、アプローチするターゲットに見合った情報・訴求内容であるか？

□プロモーション・ミックスを最大化させるために、各施策の連携策が盛り込まれているか？

□プロモーション効果とプロモーションコストを定量化できており、優先順位づけができているか？

□プロモーションの変更・追加が迅速にできる施策を選択できているか？

第8章

損益シミュレーション（STEP7）

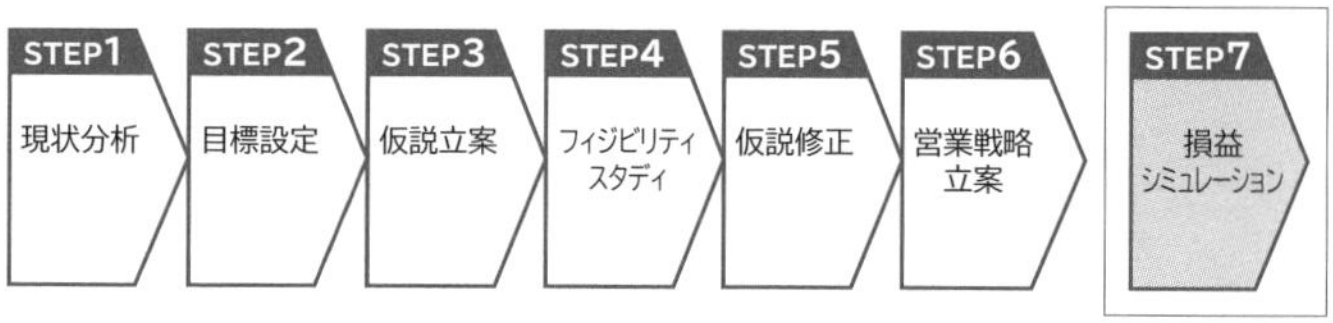

1 目標営業利益設定

これから損益シミュレーションを行っていきます。何度もお伝えしていますが、はじめにプロフィットゴールである営業利益を設定します。ここで重要なポイントは、商品企画プロジェクトメンバーがこの新商品でいくら儲けたいのか、会社としていくら儲けたいのかをという思いを反映させて目標営業利益を考えることです。

具体的な目標営業利益の設定プロセスとしては、まず5年後の目標営業利益から設定します。そして、3年目以降には黒字化する計画を作成します。たとえ1年目、2年目で赤字になったとしても5年間の累積利益で黒字化するようにします。

損益シミュレーションでは、売上高、次に費用の順番に営業利益を算定するトップダウン方式などさまざまな方法がありますが、本書では目標営業利益をしっかりと設定した上で、次に費用、最後に売上高を算定するボトムアップ方式を採用します。目標営業利益を最初に設定する必要性ですが、トップダウン方式により成行きで売上高からシミュレーションを行っていくと、経営環境のリスクを重視し過ぎ売上高を低く設定し、費用をかけ過ぎる計画を立て全く利益が出ないということになりかねません。そのようなことが起きないようにするためにも目標営業利益を必ず達成するという意識を持って費用を見積もり、目標営業利益を達成する売上高を算定していく必要があります。

図表８－１①

	１年目	２年目	３年目	４年目	５年目
売上高					
変動費					
限界利益					
固定費					
営業利益					500万円

5年間累積黒字
STEP3

3年目以降黒字化
STEP2

まず必要な目標利益を設定
STEP1

図表８－１②

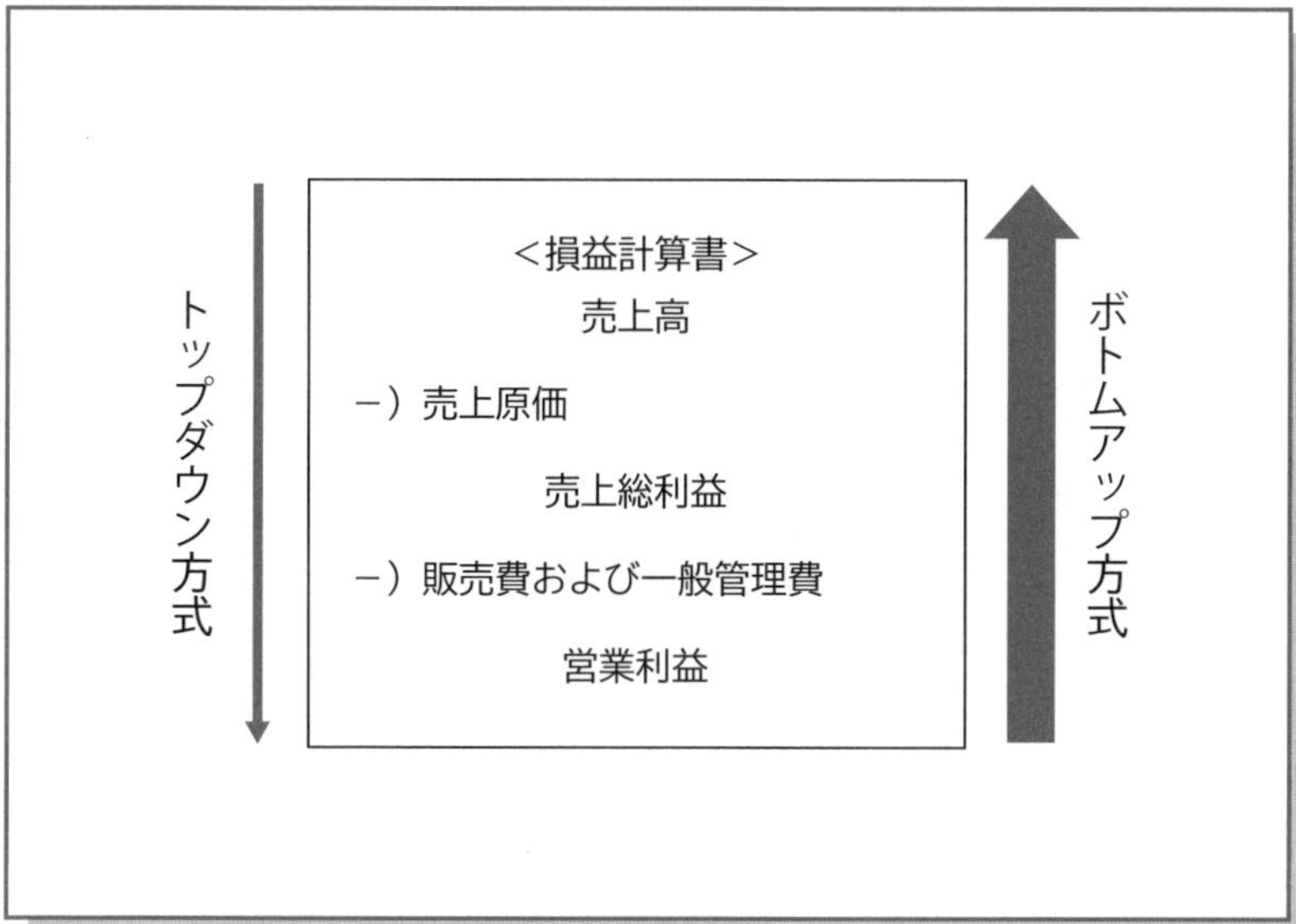

2 費用見積もり

次に費用見積もりですが、費用については、売上原価、販売費・一般管理費に分けることができます。売上原価に関しては、小売業の場合は仕入原価、製造業の場合は材料費、製造に関わる人件費、その他費用（工場や機械設備などの減価償却費、工場で使用する水道光熱費など）、サービス業の場合は外注費用になります。

販売費・一般管理費に関しては売上高を上げるためにかける費用や会社を管理するための費用があります。具体的には、賃借料、保険料、水道光熱費、広告宣伝費、販売促進費、人件費（製造に関わる人件費以外に人件費）、教育費、輸送費、保管費、交際費、減価償却費などが挙げられます。

損益シミュレーションを行う場合には、売上原価や販売費・一般管理費を変動費と固定費に分解することが必要になります。変動費は、販売数の変動に応じて増減する費用を表し、固定費は、販売数の変動に関わりなく変化しない費用になります。このように費用を販売数の増減で変動するものと、変動しないものに分け、利益に関しても新しく限界利益を算定します。限界利益は、売上高から変動費を差し引いて求める利益になります。限界利益は、販売数の変動に応じて増減し、固定費を回収できる利益と考えることができます。販売数の増加により限界利益が増加し固定費を限界利益が上回ると黒字になり、逆のパターンは赤字になります。

変動費、固定費、限界利益に分解すると経営活動と損益の関係が把握しやすくなり、損益シミュレーションの精度を高めることができます。

図表８－２①

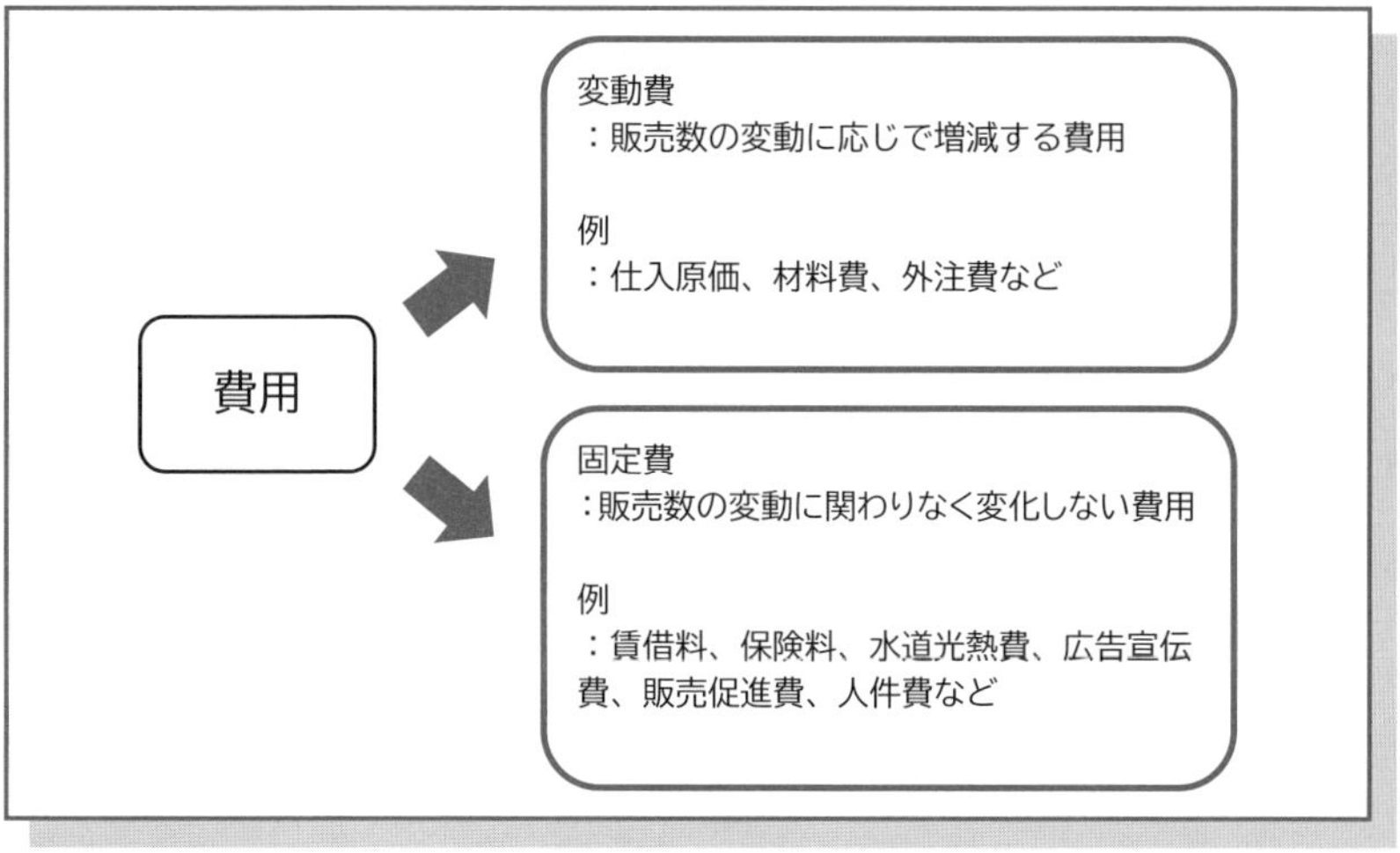
費用
変動費
：販売数の変動に応じで増減する費用
例
：仕入原価、材料費、外注費など
固定費
：販売数の変動に関わりなく変化しない費用
例
：賃借料、保険料、水道光熱費、広告宣伝費、販売促進費、人件費など

図表８－２②

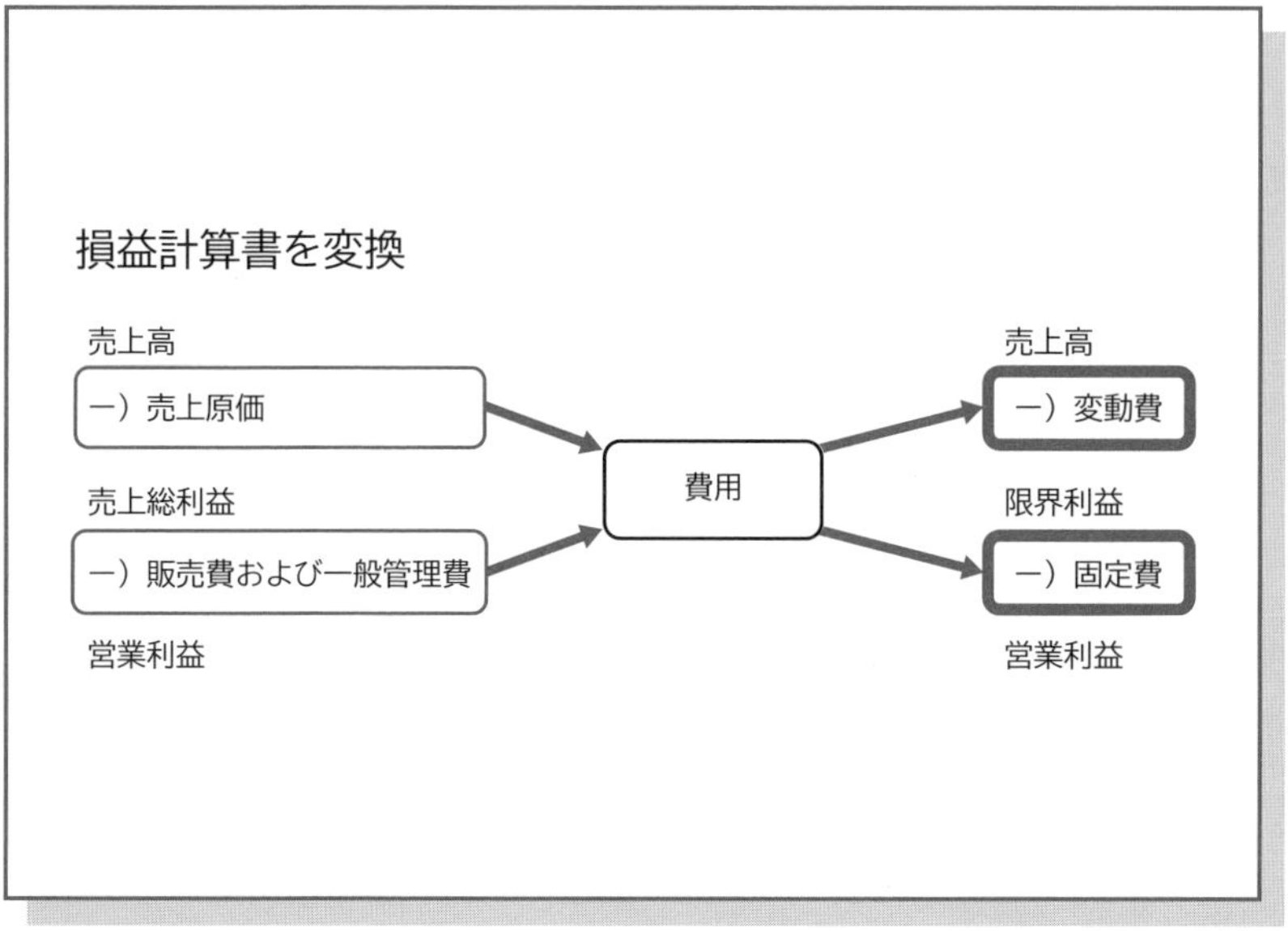
損益計算書を変換
売上高
ー）売上原価
売上総利益
ー）販売費および一般管理費
営業利益
費用
売上高
ー）変動費
限界利益
ー）固定費
営業利益

3 売上高予想

売上高予想には、「トップダウン算定」「ボトムアップ算定」「挑戦的目標算定」の3つの方法があります。

トップダウン算定は、現状の市場規模、市場成長率、自社の市場シェアなどを予測して売上高を予想していきます。例えば、市場規模1000万円、市場成長率10％、自社市場シェア5％だとすると1000万円×1・1×0・05＝55万円となります。

ボトムアップ算定は、自社の既存顧客の需要、新規顧客需要などを加味することで売上高を予想していきます。例えば、販売単価100円、既存顧客需要である販売数量1万個、新規顧客需要1000個だとすると、既存顧客売上高（100円×1万個）＋新規顧客売上高（100円×1000個）＝110万円となります。

挑戦的目標算定は、プロジェクトメンバーの思い、会社の方針を加味した営業利益を目標値として売上高を予想する方法になります。例えば、目標固定費100万円、目標利益100万円、販売単価5万円、販売単価に対する変動費3万円の場合で考えます。目標固定費に目標利益を足した金額を販売単価から変動費を差し引いた利益である限界利益で割ることで必要な販売数を把握することができます。（目標固定費100万円＋目標利益100万円）÷限界利益（販売単価5万円－変動費3万円）＝100個、この数が目標販売数になり、100個×販売単価5万円＝500万円が目標売上高となります。

本書では「挑戦的目標算定」アプローチ方法を選択し売上高予想額を算定することになります。

図表8－3

挑戦的目標設定

$$\text{目標販売数} = \frac{\text{固定費}+\text{目標利益}}{\text{販売単価} - \text{販売単価に対する変動費}}$$

↓

目標売上高＝目標販売数×販売単価

4 5年目の損益シミュレーション

目標営業利益、変動費、固定費の費用見積、売上高予想について理解したところで、具体的な数字で検討し損益シミュレーションを行っていきます。

5年目に目標営業利益500万円を目標設定します。そして、固定費が300万円、販売単価5万円、販売単価に対する変動費を3万円とします。図表8－3にある挑戦的目標算定方法で売上高を予想していきます。(固定費300万円＋目標営業利益500万円)÷(販売単価5万円－販売単価に対する変動費3万円)＝400個となりこれが目標販売数になります。販売数に対して販売単価を掛け合わせることで目標売上高を算定することができます。この場合400個×5万円＝2000万円となります。

図表8－4の5年目の数字を順番に入れていきます。売上高は2000万円、変動費は、目標販売数に販売単価に対する変動費を掛け合わせることで算定することができますので1200万円になります。限界利益は売上高から変動費を差し引き800万円となります。限界利益から固定費300万円を差引き500万円の目標営業利益が算定されます。

5年目の損益シミュレーションができあがりましたら、商品企画プロジェクトメンバーだけではなく、営業部門を含め全社的に固定費300万円を有効に使い、どのように2000万円の売上を出していくのかについて、しっかりと検討していくことが必要になります。

図表８－４

	1年目	2年目	3年目	4年目	5年目
目標販売数					400個
売上高					2,000万円
変動費					1,200万円
限界利益					800万円
固定費					300万円
営業利益					500万円

5 3年目、4年目の損益シミュレーション

5年目の損益シミュレーションができあがったら次に検討するのは、3年目、4年目になります。3年目以降には黒字化することが必要になります。そこで検討しなければいけないのが損益分岐点です。損益分岐点とは、売上高と費用（変動費、固定費）の合計額が等しくなる販売数、売上高のことをいいます。つまり営業利益が0（零）の時の販売数や売上高を表します。

5年間の損益シミュレーション作成の場合においては、3年目には確実に黒字化する必要がありますので、3年目、4年目の販売数は、損益分岐点販売数を上回る販売数にする必要があります。

図表8－5②の計算式に当てはめることにより、損益分岐点販売数、損益分岐点売上高が計算できます。損益分岐点販売数から見ていきますと、固定費が300万円、販売単価5万円、販売単価に対する変動費を3万円として計算すると、（固定費300万円）÷（販売単価5万円―販売単価に対する変動費3万円）＝150個となりこの数が損益分岐点販売量になります。損益分岐点販売量に販売単価を掛けることで損益分岐点売上高が750万円となります。3年目、4年目の目標販売数は150個を超えるような損益シミュレーションを考えなければなりません。仮に3年目の販売数を200個、3年目の販売数を300個として損益シミュレーションを行ってみます。固定費は、3年目、4年目ともに300万円となります。変動費は、3年目、4年目の販売数に変動費3万円を掛けることで算定できますので3年目は600万円、4年目は900万円になります。その結果目標営業利益は3年目100万円、4年目300万円になります。

このように販売数が増加することで営業利益が変わるので当初設定したプロフィットゴールとの整合性を取ります。

図表８－５①

	1年目	2年目	3年目	4年目	5年目
目標販売数			200個	300個	400個
売上高			1,000万円	1,500万円	2,000万円
変動費			600万円	900万円	1,200万円
限界利益			400万円	600万円	800万円
固定費			300万円	300万円	300万円
営業利益			100万円	300万円	500万円

図表８－５②

損益分岐点

$$損益分岐点販売数 = \frac{固定費}{販売単価 - 販売単価に対する変動費}$$

↓

損益分岐点売上高＝損益分岐点販売数×販売単価

6 1年目、2年目の損益シミュレーション

3年目から5年目までのシミュレーションができましたら、1年目、2年目も検討していきます。注意点としては、5年間の累積利益を黒字にすることです。3年目から5年目までの3年間の累積の利益は900万円ですので、1年目、2年目で赤字になるとしても、1年目、2年目の累積損失は900万円を下回るようにしなければなりません。

新商品を販売する場合は1年目、2年目に関しては、認知度も低い状態であるので一般的に販売数が少なくなります。損益シミュレーションを行う場合は、長期的な視点で考えなければなりません。長期的な視点で損益シミュレーションを行っていない企業は、1年目の実績が赤字になり即撤退という意思決定を行っている企業も多いようです。

5年間しっかり新製品・新サービスを育てるための損益シミュレーションをつくり、長期的な視点で結果を出すという意識が必要になります。

仮に1年目に損益分岐点販売数を大幅に下回る販売数として50個、2年目の販売数100個とした場合、今までと同じように損益シミュレーションを行うと1年目の営業損失額が200万円、2年目の営業損失額が100万円となり累積損失が300万円になりますが、900万円を大幅に下回ることになるので問題のない計画であることがわかります。

図表８－６

	１年目	２年目	３年目	４年目	５年目
目標販売数	50個	100個	200個	300個	400個
売上高	250万円	500万円	1,000万円	1,500万円	2,000万円
変動費	150万円	300万円	600万円	900万円	1,200万円
限界利益	100万円	200万円	400万円	600万円	800万円
固定費	300万円	300万円	300万円	300万円	300万円
営業利益	▲200万円	▲100万円	100万円	300万円	500万円

1年目、2年目の累積損失額を900万円より下回ることが必要

3年目から5年目までの累積利益900万円

7 楽観・普通・悲観の損益シミュレーション

損益シミュレーションは、5年間の予測を行いますので、外部環境の変化等により時間の経過とともに不確実要素が非常に高くなります。そのため「楽観パターン」「普通パターン」「悲観パターン」の3パターンで損益シミュレーションを行うことが必要になります。普通パターンは、想定シナリオどおりに進む場合の損益シミュレーションになります。図表8－7②で示している普通パターンの例は今まで検討してきた数字を入れています。

楽観パターンについては、想定シナリオより経営環境が好転した場合の目標営業利益、目標売上高を設定して5年間の予想損益を作成します。現実離れしている楽観的目標値の設定ではなく、普通パターンをベースにした、地に足の着いた計画で楽観パターンを作成します。

悲観パターンに関しても楽観パターンと同様に、普通パターンをベースにした上で、想定シナリオより経営環境が悪化した最悪のシナリオを検討して目標営業利益、目標売上高を設定します。ここでの注意点は、厳しい状況の中においても5年間の累積営業利益が赤字にならないように作成することです。

このように普通パターンをベースに楽観パターン、悲観パターンを事前に作成することで、経営環境リスクを低減させる可能性が高まり、新商品の成功確率を高めることにつながるのです。

ここまでの内容で基本的な損益シミュレーションを見てきました。ただし多額な投資が必要な場合において精度をより高めるためには、回収期間法、正味現在価値法、内部利益率法により投資の回収可能性を検討することになります。

図表８－７①

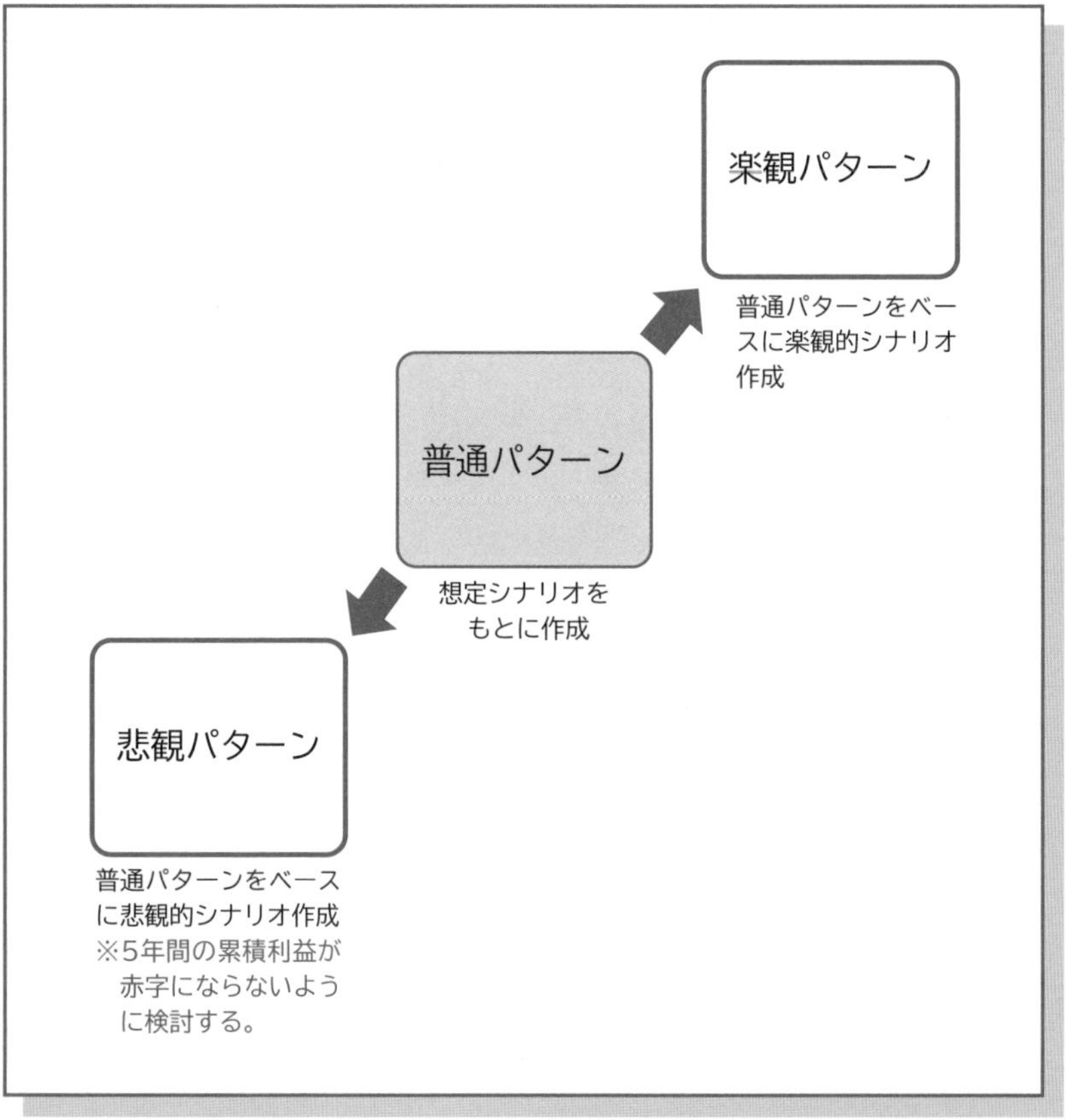
楽観パターン
普通パターンをベースに楽観的シナリオ作成
普通パターン
想定シナリオをもとに作成
悲観パターン
普通パターンをベースに悲観的シナリオ作成
※5年間の累積利益が赤字にならないように検討する。

図表８－７②

楽観パターン

	1年目	2年目	3年目	4年目	5年目
目標販売数	80個	150個	250個	350個	450個
売上高	400万円	750万円	1,250万円	1,750万円	2,250万円
変動費	240万円	450万円	750万円	1,050万円	1,350万円
限界利益	160万円	300万円	500万円	700万円	900万円
固定費	300万円	300万円	300万円	300万円	300万円
営業利益	▲140万円	0万円	200万円	400万円	600万円
累積利益	▲140	▲140	60万円	460万円	1,060万円

普通パターン

	1年目	2年目	3年目	4年目	5年目
目標販売数	50個	100個	200個	300個	400個
売上高	250万円	500万円	1,000万円	1,500万円	2,000万円
変動費	150万円	300万円	600万円	900万円	1,200万円
限界利益	100万円	200万円	400万円	600万円	800万円
固定費	300万円	300万円	300万円	300万円	300万円
営業利益	▲200万円	▲100万円	100万円	300万円	500万円
累積利益	▲200万円	▲300万円	▲200万円	100万円	600万円

悲観パターン

	1年目	2年目	3年目	4年目	5年目
目標販売数	30個	80個	160個	250個	260個
売上高	150万円	400万円	800万円	1,250万円	1,300万円
変動費	90万円	240万円	480万円	750万円	780万円
限界利益	60万円	160万円	320万円	500万円	520万円
固定費	300万円	300万円	300万円	300万円	300万円
営業利益	▲240万円	▲140万円	20万円	200万円	220万円
累積利益	▲240万円	▲380万円	▲360万円	▲160万円	60万円

図表８－７③

楽観パターン

	１年目	２年目	３年目	４年目	５年目
目標販売数					
売上高					
変動費					
限界利益					
固定費					
営業利益					
累積利益					

普通パターン

	１年目	２年目	３年目	４年目	５年目
目標販売数					
売上高					
変動費					
限界利益					
固定費					
営業利益					
累積利益					

悲観パターン

	１年目	２年目	３年目	４年目	５年目
目標販売数					
売上高					
変動費					
限界利益					
固定費					
営業利益					
累積利益					

■ 著者略歴 ■

齋藤 隆行（さいとう たかゆき）

学校法人産業能率大学総合研究所主任研究員、同大学院総合研究所准教授。

日本大学商学部卒、法政大学専門職大学院イノベーション・マネジメント研究科修了、大手フランチャイズ本部を経て、産業能率大学に入職。

専門は、経営戦略・マーケティング、新規事業プラン策定、次世代リーダー育成。

福岡 宣行（ふくおか のぶゆき）

学校法人産業能率大学総合研究所研究員。

東京理科大学理工学部卒、東京理科大学大学院理工学研究科修了、目白大学大学院経営学研究科博士後期課程単位取得満期退学。

大手電機メーカーを経て産業能率大学に入職。

専門は、原価管理・利益管理、データアナリシス。

主な著作物として『"できる"技術者になる！問題解決デザインのノウハウ』（共著）産業能率大学出版部がある。

松尾 泰（まつお ひろし）

学校法人産業能率大学総合研究所主席研究員、同大学院総合研究所教授。

明治学院大学経済学部卒、中央大学大学院国際会計研究科修了、北陸先端科学技術大学院大学知識科学研究科修了、横浜国立大学大学院社会科学部経営学専攻修了、銀行、コンサルティング会社勤務を経て産業能率大学に入職。

専門は、管理会計、経営戦略、経営人材育成。

主な著作物として『これなら絶対挫折しない！管理会計初級編』（単著）『マネージャーのための管理会計中級編』（単著）以上朝陽会、『仕事の生産性を高めるマネジメント』（共著）『会計思考力』（単著）以上産業能率大学出版部がある。

蔵田 浩（くらた ひろし）

学校法人産業能率大学総合研究所　戦略・ビジネスモデル研究センター長、総合研究所教授。
早稲田大学商学部卒、早稲田大学大学院社会科学研究科修了。自動車メーカー勤務を経て学校法人産業能率大学入職。
専門は、戦略論、マーケティング、経営人材育成
主な著作物として『独自化戦略』（編著）産業能率大学出版部などがある。

～お問い合わせ先～

（学）産業能率大学総合研究所　https://www.hj.sanno.ac.jp

＊本書の内容全般についてのご質問等は、下記のメールアドレス宛にお問い合わせ下さい。

E-Mail : webm@hj.sanno.ac.jp

＊具体的なコンサルティングについて、より詳細な内容等をご希望される場合は、下記宛にご連絡いただければ幸いです。

・普及事業本部 マーケティング部 マーケティングセンター
TEL 03-5758-5117

〔（学）産業能率大学総合研究所 普及事業本部〕

第1普及事業部（東京）	03-5758-5111
第2普及事業部（東京）	03-5758-5114
第3普及事業部（東京）	03-5758-5103
東日本事業部（東京）	03-3282-1112
東北事業センター（仙台）	022-265-5651
中部事業部（名古屋）	052-561-4550
西日本事業部（大阪）	06-6315-0333
中国事業センター（広島）	082-261-2411
九州事業センター（福岡）	092-716-1151

プロフィットゴール・マーケティング
—顧客満足と自社利益を両立するマーケティングの実務書—

〈検印廃止〉

編著者　（学）産業能率大学 総合研究所 経営管理研究所
　　　　プロフィットゴール・マーケティング研究プロジェクト

発行者　杉浦　斉

発行所　産業能率大学出版部
　　　　東京都世田谷区等々力 6-39-15　〒 158-8630
　　　　（電 話）03（6432）2536
　　　　（FAX）03（6432）2537

2020 年 4 月 15 日　初版 1 刷発行

印刷所・制本所／日経印刷

（落丁・乱丁はお取り替えいたします）

ISBN 978-4-382-05785-2